민족의 위대한 지도자

백범 김구

민족의 위대한 지도자

백범 김구

김민수 지음

자음과모음

차례

1장

고난의 청년 시절을 보내다

치하포의 젊은 장수 9
가난한 상놈의 아들 22
차라리 마음이 올바른 사람이 되리라 37
새 세상을 향한 싸움에 나서다 52

2장

시대의 어둠 속에서

사형수 69
조국의 산하를 방랑하다 85
교육자의 길 100
드센 바람에 억센 풀이 되어 116

3장
겨레의 지도자로 우뚝 서다

대한민국 임시정부를 위하여 133
적의 심장부를 향해 쏘다 150
기나긴 유랑 164
꿈에도 그리던 해방이 찾아왔건만 177
민족의 별이 지다 193

백범 김구 연보 207

고난의 청년 시절을 보내다

치하포의 젊은 장수

삼월 초순인데도 목덜미를 스치는 바람은 한겨울처럼 찼다. 평안도와 황해도를 가로지르는 대동강에는 집채 같은 얼음덩어리들이 둥둥 떠 있었다. 그 사이로 사람을 가득 태운 나룻배가 위태롭게 버둥거렸다.

"어디든 단단히 붙잡아요. 배가 빙산과 부딪치면 강물에 떨어지고 말 테니."

점심때 나루를 떠난 배는 얼음덩어리에 갇혀 옴짝달싹도 못 했다.

"아이고, 이러다 우리 모두 물귀신이 되겠네."

날이 어두워질수록 사람들은 추위와 두려움에 떨었고 그저 서로 얼싸안고 울부짖을 따름이었다. 그때 한 젊은이가 벌떡 일어나며 소리쳤다.

"이래 죽으나 저래 죽으나 매한가지니 힘을 합쳐 살길을 찾아봅시다."

"흐흑……. 이 어둠 속에서 뭘 어떻게 하자는 거요?"

누군가 울음 섞인 푸념을 내뱉었다.

"사공에게만 맡길 게 아니라 우리 모두 힘을 합쳐 빙산을 밀어내 보자고요."

젊은이는 뱃전에서 가까운 커다란 얼음덩어리 위로 몸을 날렸다. 그러고는 주위의 작은 얼음덩어리들을 손으로 밀어내기 시작했다. 젊은이의 모습은 무모하게 보였지만 사람들의 마음을 움직였다.

"우리도 죽기 살기로 해 봅시다."

"그럽시다."

젊은이의 용기에 힘을 얻은 사람들이 하나둘 커다란 얼음덩어리 위로 뛰어내려 작은 얼음덩어리부터 밀기 시작했다. 그러자 배가 앞으로 나아갈 틈이 생겨났다. 사공은 있는 힘을 다해 배를 전진시켰다. 한밤중이 되어서야 배는 황해도 치하포 나루에 닿을 수 있었다.

"젊은이가 우리를 살렸구려. 어디 사는 누군지 이름이라도 알고 싶소."

사람들이 젊은이를 둘러싸고 입을 모아 칭송했다.

"저 혼자 한 일도 아닌데요 뭐. 저는 해주 사는 김창수라 합니다."

김창수는 스무 살 남짓의 나이에 눈빛이 형형하고 기개가 넘쳐 보였다. 그는 여관을 향해 어둠 속으로 성큼성큼 걸음을 내디뎠다.

여관은 이미 손님들로 가득 차 있었다. 죽을 뻔한 위기에서 살아 나온 사람들은 굶주림도 잊은 채 잠든 사람들 사이로 비집고 들어 가 고단한 몸을 뉘었다.

이튿날 아침, 여관은 새벽부터 떠들썩했다. 세 방에 나누어 든 손 님들은 아침밥을 기다리며 서로 인사를 주고받았다. 윗방에 앉아 있는 김창수에게 사람들이 눈인사를 보냈다. 어젯밤 일을 두고 고 마워하는 눈치였다. 여관의 아침은 평화롭고 따뜻한 정경이었다.

가운데 방에서는 시골 늙은이와 두루마기를 입은 젊은 남자가 이야기를 나누고 있었다.

"젊은이는 어디 사는 뉘신가?"

"저는 장연에 살고, 성은 정가입니다."

"어디로 가는 참이우?"

"강 건너 평안도 진남포로 갑니다."

정가라는 남자와 늙은이는 두런두런 이야기에 빠져들었다.

그때 윗방에 있던 김창수가 고개를 돌려 정가를 노려보았다. 그 는 날카로운 눈길로 정가의 모습을 훑었다. 그의 눈길이 한곳에 머무르는가 싶더니 번쩍 빛났다. 정가의 두루마기 아래로 살짝 삐져 나온 칼집을 발견한 것이다. 그는 사람들의 대화에 건성으로 대꾸 하면서 홀로 생각에 잠겼다.

'저자는 장연에 산다면서 번듯한 서울 말씨를 쓰는군. 더구나 말 투가 조선 사람 같지 않아. 이곳은 서울에서 평양으로 수많은 사람 이 오가는 길목이지. 그중에는 우리나라를 염탐하려는 왜놈 첩자 도 많아. 저자가 조선 사람이 아니라면 왜놈 첩자일 수밖에 없지 않나.'

김창수는 저도 모르게 손에 불끈 힘이 들어갔다.

'저자가 왜놈이라면 중전마마를 살해한 무리일지도 모른다. 그 렇지 않더라도 변장을 하고 칼을 차고 다니는 폼이 왜놈 첩자인 게 틀림없어.'

그는 다섯 달 전 일본 낭인들이 궁중으로 침입하여 명성황후를 끔찍하게 살해한 일을 떠올렸다. 그는 이내 걷잡을 수 없는 분노에 사로잡혔다.

'저 왜놈을 죽여서 나라의 치욕을 조금이나마 씻어야 하지 않을 까.'

상대가 변장한 일본인임을 확신한 그는 주위를 조심스레 살펴 나갔다. 방 세 칸에 들어앉은 사람들은 마흔 명 남짓이었다. 노인과 여자와 장사꾼이 많았고, 정가 옆으로 청년 하나가 앉아 있었다. 정가와 청년은 간간이 무슨 말인가 주고받았다. 둘은 일행 같았다.

'섣불리 나섰다가 사람들이 말리기라도 하면 그 틈에 저놈의 칼이 내 몸을 꿰뚫겠지. 그러면 나는 행인의 물건을 털다 죽은 도적으로 몰리고 말 거야.'

이런저런 생각이 김창수의 뇌리를 오고 갔다. 그는 마음을 가다듬으려고 깊은 숨을 내쉬며 아랫배에 힘을 주었다. 그 순간 마음에 깊이 새겨 두었던 글귀가 떠올랐다.

가지를 붙잡고 나무에 오르는 건 쉬운 일이나
벼랑에 매달려 잡은 손을 놓는다면 가히 대장부로다

이 글귀는 김창수가 스승에게 배운 것이었다. 그의 눈앞에 무너져 가는 나라를 걱정하며 애태우던 스승 고능선의 얼굴이 스쳐갔다. 스승은 나라를 지키기 위해서라면 자기 목숨을 아끼지 않는 대장부가 되라고 가르쳤다. 그는 스승을 떠올리며 스스로에게 묻고 대답했다.

'너는 저 왜놈을 죽여 나라의 치욕을 조금이라도 씻는 게 옳다고 믿는가?'

'그렇다.'

'그런데 너는 왜놈에게 오히려 죽임을 당하고 도적으로 몰릴까

봐 두려운가?'

'그렇다.'

'하지만 옳은 일에 죽음을 두려워한다면 대장부가 아니지 않는 가?'

'……그렇다.'

여기까지 생각한 김창수는 아랫입술을 지그시 깨물었다. 그는 비로소 어떤 다짐을 한 표정이었다.

아랫방부터 가운데 방을 거쳐 윗방까지 차례차례 밥상이 들어왔다. 사람들은 이야기를 그치고 밥상머리로 모여들어 자기 몫의 밥을 먹기 시작했다. 그런데 김창수는 네댓 숟갈로 밥 한 그릇을 삽시간에 먹어 치우더니 큰 소리로 여관 주인을 불렀다.

"나는 오늘 칠백 리 길을 걸어야 하니 밥이 모자라오. 밥 일곱 상을 더 차려 주시오."

여관 주인은 멍하니 김창수를 쳐다보더니 손님들을 향해 돌아섰다.

"허……. 젊은 나이에 벌써 정신이 나갔나? 아침부터 별소리를 다 듣는구먼."

주인은 못 볼 걸 보았다는 표정을 지으며 방으로 들어가 버렸다. 김창수는 태연한 표정으로 벌렁 드러누우며 그는 모두가 들을 수 있을 만큼 큰 소리로 중얼거렸다.

"인정머리 없기는. 뱃속이 허전하니 잠이나 자야겠는걸."

방 안 사람들의 얼굴에 딱한 표정과 놀란 표정이 엇갈렸다. 정가만은 아무런 표정 없이 식사를 마치고 일어섰다. 정가는 옆에 있던 청년이 주인에게 밥값을 치르는 걸 지켜보고 있었다.

그 순간 김창수가 벌떡 일어나더니 "네 이놈!" 하고 소리치며 정가의 몸통에 거센 발길을 날렸다. 정가의 몸이 붕 뜨더니 한 길이나 떨어진 마당으로 털썩 떨어졌다. 김창수는 비호처럼 뛰어내려 정가의 목을 사정없이 짓밟았다.

"저, 저런!"

방에 있던 사람들이 우르르 마당으로 뛰쳐나왔다. 김창수는 이글거리는 눈빛으로 사람들을 둘러보며 호령했다.

"이 왜놈을 도우려고 나서는 자는 살려 두지 않겠다!"

사람들이 멈칫거리는 사이에 쓰러졌던 정가가 칼을 뽑아 들고 달려들었다. 김창수는 잽싸게 칼끝을 피한 뒤 정가의 옆구리를 차서 다시 쓰러트리고 칼을 쥔 손목을 짓밟아 버렸다. 칼이 쇳소리를 내며 땅으로 나뒹굴었다.

"간악한 왜놈아, 국모를 해치고 나라를 짓밟은 죗값을 받아라!"

김창수는 칼을 들어 정가의 온몸을 찌르고 베었다. 살얼음이 얼어붙은 마당 위로 붉은 피가 낭자하게 흩어졌다. 그는 정가의 몸에서 솟아난 피를 입술에 묻히고 얼굴에 발랐다.

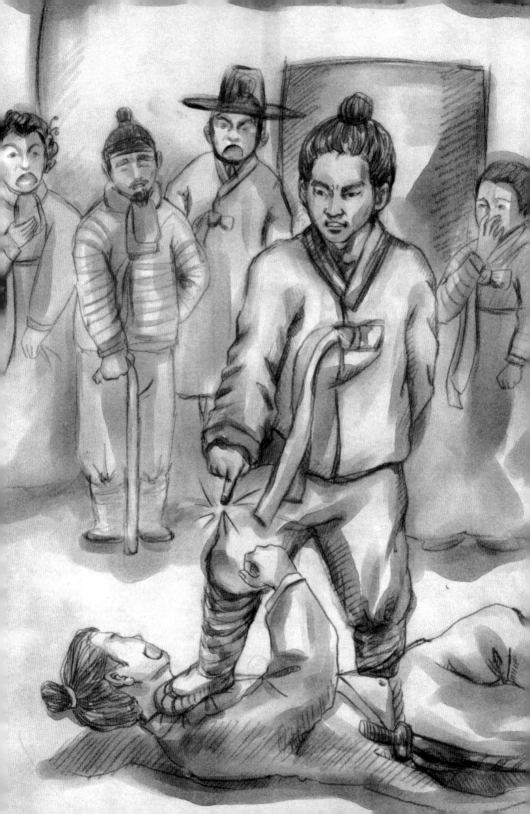

"뼛속까지 사무친 나라의 원수를 다 갚을 때까지 이 쓰디쓴 피의 맛을 잊지 않으리라."

이 말과 함께 김창수는 고개를 들더니 사람들을 뚫어질 듯이 노려보며 소리쳤다.

"나는 의병 김창수다. 아까 왜놈을 도우려고 내게 달려들었던 놈이 누구냐?"

그 기세에 눌린 사람들이 두려운 표정으로 머리를 조아렸다.

"우리는 왜놈인 줄 모르고 싸움을 말리려고 나온 것뿐입니다."

어느 틈에 달려 나온 여관 주인도 김창수 앞에서 무릎을 꿇고 부들부들 떨었다.

"의군임을 알아보지 못한 저를 용서하십시오. 저는 왜놈에게 밥 팔아먹은 죄밖에 없습니다."

"너는 저놈이 왜놈인 줄을 벌써 알았단 말이냐?"

"진남포로 오가는 왜놈들이 종종 저희 집에서 묵고 갑니다."

여관 주인은 재빠르게 일어나 김창수에게 세숫물을 올리고 밥 일곱 그릇을 상에 차려서 내왔다. 김창수는 칼을 거두고 손과 얼굴을 씻었다. 그는 커다란 그릇에 밥과 반찬을 한군데 붓고 크게 몇 숟갈을 떠먹었다.

"오늘은 원수의 피를 마셨더니 밥맛이 없소. 왜놈의 짐을 찾아 가져오시오."

김창수는 주인이 가져온 정가의 소지품을 열어 보았다. 그자는 과연 일본인이 맞았고 이름은 쓰치다였다. 쓰치다의 짐에는 돈이 제법 들어 있었다. 김창수는 그 돈을 여관 주인에게 건넸다.

　"이 돈은 가난한 사람들에게 나누어 주시오. 왜놈은 우리 조선의 원수이니 시체는 바다에 던져 조선 물고기의 밥이 되게 하시오."

　하나하나 일을 처리한 김창수는 종이와 붓을 부탁하여 큼직한 글씨로 거침없이 글을 써 내려갔다.

　'나는 국모를 해친 원수를 갚기 위해 이 왜적을 죽이노라.'

　그는 일본군을 죽인 까닭을 밝힌 뒤에 맨 끝에 '해주 백운방 텃골 김창수'라고 썼다. 그는 글을 여관 주인에게 건넸다.

　"이것을 사람들이 지나다니는 큰길에 붙이시오. 그리고 내가 떠난 뒤 고을 군수를 찾아가 지금까지 보고 들은 사실을 알리시오. 나는 집으로 돌아가 연락을 기다리겠소. 왜놈의 칼은 기념으로 가져가겠소."

　이 말을 남기고 김창수는 일어섰다. 그의 흰 바지저고리가 피로 물들어 있었다. 그는 두루마기를 걸치고 허리에 칼을 찬 채 사람들 사이로 태연히 걸어 나갔다.

　사람들은 멍하니 김창수를 바라볼 따름이었다. 김창수가 고갯길 너머로 사라질 때까지 한 사람도 자리를 뜨지 못했다. 김창수가 넘어간 고갯마루 위로 붉은 해가 솟아올라 있었다.

김창수가 치하포에서 쓰치다를 죽인 날은 1896년 3월 8일이었다. 이 소문은 이내 사방으로 바람처럼 퍼져 나갔다.

"대동강 치하포 나루에 한 장사가 나타나서 왜놈을 한주먹에 때려죽였다네."

"글쎄, 겨우 스물 남짓의 청년이래. 대동강에서 배가 얼음에 갇혔는데 그 장사가 집채만 한 빙산을 밀어내고 사람들을 살렸다는구면. 밥 일곱 그릇을 눈 깜짝할 새에 먹어 치운다네."

"허, 하늘이 내린 장수로다. 아무려나 조선의 원수를 갚았으니 마음이 후련한걸. 그런 영웅이 많이 나타나 기울어 가는 나라를 구해야 할 터인데……."

사람들은 김창수를 두고 자신들의 소망까지 담아 이야기를 만들어 나갔다.

그때는 조선왕조의 기운이 스러져 가던 시절이었다. 조선은 임진왜란과 병자호란 같은 수난을 겪으면서도 500여 년을 이어 왔다. 그런데 19세기에 들어 서양의 근대 문물과 군사력이 아시아까지 영향을 끼치기 시작했다. 그 전까지 조선왕조는 중국과 일본이 세계의 전부인 줄로 알았으며 중국이 가장 발전한 나라이고 일본은 미개한 나라라고 여겼다. 따라서 조선은 중국을 따라 효와 충을 중시하는 유교 국가를 이룬 것이다.

유교의 가르침은 훌륭한 점도 많았지만, 개인의 자유와 평등을 추구하는 근대사회로 나아가는 데는 걸림돌이 되기도 했다. 조선은 대대로 이어 온 유교의 가르침만을 지키려고 하였다. 이와 달리 일본은 일찍이 서양 문물과 제도를 받아들여 재빠르게 변신하였다. 짧은 시간에 국력을 키운 일본은 조선을 넘보기 시작했다.

일본이 보기에 조선은 자기네의 값비싼 상품을 팔고 그 대신 값싼 원료를 얻어 낼 수 있는 곳이었다. 1876년, 일본은 조선을 협박하여 강화도조약을 맺었다. 그 조약으로 일본은 조선의 여러 지역을 자유롭게 드나들게 되었다. 일본의 힘이 조선에 미치기 시작하면서 일본 내에서는 조선을 무력으로 차지해 버리자는 야욕이 고개를 들었다.

이에 조선 왕 고종과 명성황후는 러시아의 힘을 빌려 일본에 맞서려 하였다. 그러자 일본은 1895년 10월 낭인들을 궁중에 침입시켜 명성황후를 잔인하게 살해하고 주검을 불태웠다. 조선을 차지하려는 일본의 야욕은 점점 강해졌고, 조선의 운명은 바람 앞에 놓인 촛불처럼 위태로웠다.

명성황후가 궁중에서 일본 낭인들에게 살해당한 사건은 너무나 치욕스러운 일이었다. 하지만 조선은 그 치욕을 갚고 새로운 독립국으로 나아갈 힘이 모자랐다. 많은 사람들이 나서서 무능력한 정치를 바꾸고 외국 세력을 몰아내려고 싸웠지만 역부족이었다.

이런 시절에 김창수의 치하포 사건은 나라의 운명을 멍하니 바

라보고 있던 사람들을 깨우치고 한민족의 기개를 보여 준 의거였
다. 바로 이 사람, 치하포의 김창수가 나중에 위대한 독립운동가이
자 정치가가 된 백범 김구 선생이다.

가난한 상놈의 아들

출산은 보기 드문 난산이었다. 산모는 일주일째 힘을 쓰느라 지칠 대로 지쳐 시시때때로 정신을 놓아 버리곤 했다. 친척과 마을 사람이 드나들며 침이며 약이며 별 처방을 다 했어도 소용없었다. 사람들은 방문 앞을 서성거리며 안절부절못했다.

"쯧쯧, 저러다 아이는커녕 산모 목숨도 부지하지 어렵겠구먼. 산모가 죽을 판인데 아이아버지는 뭘 하는 게야."

나이 지긋한 아낙이 중얼거리며 산모의 남편을 찾았다.

"여기 있습니다. 저라고 무슨 뾰족한 수가 있어야지요."

마루 끝에 앉아 있던 남자가 힘없이 일어났다.

"이보게, 침도 약도 다 소용이 없다니 마지막 수단을 써 보세."

"마지막 수단이라뇨?"

"소 길마(소나 말 따위의 등에 얹는 안장)를 머리에 쓰고 지붕으로 올라가게. 용마루에 앉아 소 울음소리를 지르란 말이네."

"그게 무슨 해괴한 짓입니까? 난 못해요."

"이 사람아, 군말 말고 시키는 대로 하게 어서!"

나이 든 아낙이 아이아버지의 등을 떠밀었다. 주위에 있던 사람들도 너도나도 권했다. 그는 마지못해 헛간에서 소 길마를 찾아 머리에 쓰고 지붕 위로 올라갔다. 그러고는 용마루를 붙잡고 앉아 소 울음소리를 내기 시작했다.

"음매, 음매……."

아이아버지가 내지르는 소 울음소리가 깊은 밤의 고요를 깨우며 퍼져나갔다. 그 소리에 맞춰 산모는 마지막으로 있는 힘을 다했고, 마침내 첫닭이 울기 전에 사내아이가 태어났다.

"응애, 응애……."

"그놈 참 울음소리 한번 시원하구나."

아이아버지를 지붕 위로 올려 보낸 아낙이 함빡 미소를 지었다.

이렇게 김구는 1876년 8월 29일 한밤중에 황해도 해주의 텃골 마을에서 태어났다. 그 마을에는 산모가 난산을 겪을 때 아이아버지가 소 길마를 쓰고 지붕에 올라 소 울음소리를 내는 풍습이 있었다. 그렇게라도 해서 남편이 산모와 출산의 고통을 함께 나누어야 한다는 뜻이었다.

김구의 아버지 김순영은 대대로 농부였고, 어머니 곽낙원 역시 농부의 딸이었다. 김구를 낳을 때 김순영은 스물일곱이었고, 곽낙원은 겨우 열일곱이었다. 곽낙원은 가난한 집안 꼴을 생각하면 아이를 얻은 기쁨보다 걱정이 앞섰다.

"하필이면 이렇게 먹고살기 힘든 상놈에게 태어났니."

곽낙원은 해맑은 아이의 눈을 들여다볼 때마다 절로 한숨이 나오고 눈물이 고였다. 그러나 한편으로 태몽을 생각하면 조금은 든든한 마음도 들었다. 김구를 가질 무렵 곽낙원은 푸른 밤송이에서 붉고 큰 밤 하나를 꺼내 몸속에 깊이 감추는 꿈을 꾸었다. 그 꿈은 아이가 장차 든든한 인물로 자라리라는 믿음을 주었다. 집안 어른들은 아이에게 창암이라는 이름을 지어 주었다.

창암의 어머니 곽낙원은 몸이 약해서 젖이 부족했다. 곽낙원은 창암이 젖을 달라고 보채면 곡식을 갈아 쑨 암죽을 먹였다. 남편 김순영은 창암을 안고 갓난아기를 키우는 집을 돌아다니며 동냥젖을 먹였다.

창암의 집안은 대대로 군역전이라는 나라 토지를 빌려 농사를 지었다. 군역전을 짓는 사람은 전쟁이 일어나면 군대에 나가야 했고, 상놈 취급을 받았다. 한해 농사를 지어도 세금을 내고 빚을 갚으면 남는 게 별로 없었다. 그리하여 해가 가도 창암네 집안 살림은 나아지지 않았다.

창암의 집안이 처음부터 상놈은 아니었다. 창암은 안동 김씨로 선조는 고려 공신이었고, 조선왕조에서도 학문과 벼슬을 누리며 살았다. 그러다 영의정 자리에까지 올랐던 선조 김자점이 역적으로 몰려 처형되었다. 살아남은 친척들은 황해도로 피신하여 해주 서쪽 산골에 자리 잡았고, 남의 눈에 띄지 않게 상놈 행세를 했다.

상놈이 된 창암네 집안은 이웃 양반들에게 온갖 멸시를 받았다. 아무리 자신보다 나이가 어려도 양반집 사람들에게는 머리를 조아려야 했다.

"상놈이 제아무리 손톱이 닳도록 일하면 뭐해. 양반들에게 죄다 빼앗기고 천대만 받는 것을……."

김순영은 자주 신세를 한탄하며 세상을 원망했다. 평소 그는 마음이 넓고 쾌활했지만 분한 일을 당하면 화를 이기지 못하는 성격이었다. 게다가 그는 술을 좋아해서 취하기만 하면 사람들에게 주먹질을 했다.

그 고장에는 매를 맞은 사람이 때린 사람 집에서 몸이 나을 때까지 지내는 풍습이 있었다. 김순영의 집에는 한 달에도 몇 사람씩 피투성이가 된 사람들이 드나들었다. 그는 사람을 때린 일로 숱하게 관청에 잡혀가기도 했다.

김순영은 비록 많이 배우지 못했지만 옳고 그른 일을 분간하는 사리는 꽤 깊은 사람이었다. 그는 아무에게나 주먹질을 하는 게 아니라 약한 사람을 업신여기는 양반들만 골라서 혼내 주었다. 양반들은 그런 김순영에게 도존위라는 자리를 내주었다. 고분고분하지 않은 그에게 벼슬자리 비슷한 것을 주어 달래려고 한 것이다.

도존위는 마을과 관청을 오가며 세금을 걷고 마을의 사무를 맡아보는 자리였다. 김순영은 도존위를 하면서도 양반 편을 들지 않았다. 세금을 걷을 때도 양반에게는 법대로 하고 가난한 사람에게는 너그럽게 해 주었다. 김순영이라면 양반집 아이들도 손가락질하며 미워했지만 상놈들은 그를 좋아하고 따랐다. 그래서 양반들은 몇 해 만에 도존위의 자리를 도로 빼앗아 버렸다.

창암은 다섯 살 때 바닷가 동네에서 살게 되었다. 아버지와 어머니는 하루 종일 남의 농사를 돕거나 바닷가로 일을 나갔다. 혼자 남은 창암은 이웃 동네 이생원이라는 양반집에 가서 놀았다. 그 집 아이들은 동무가 아쉬웠던 터라 신분이 낮은 그를 노는 자리에 끼워 주었다.

창암이 여느 날처럼 그 집 사랑에서 놀고 있을 때였다. 그 집 아이들이 무슨 심통이 났는지 창암을 괴롭혔다.

"우리 이 해주 상놈을 때려 주자."

아이들은 창암에게 달려들어 주먹과 막대기로 때리고 놀리며 낄낄거렸다. 창암은 영문도 모른 채 아이들의 노리갯감이 되었다. 창암은 울면서 도망쳤다. 창암은 곧장 부엌으로 달려가 부엌칼을 찾아 집어 들었다.

'나쁜 놈들, 다 죽여 버릴 테다.'

창암은 칼을 든 채 이생원의 집으로 달려갔다. 창암은 그 집 아이들이 볼까 봐 뒷문으로 돌아가 울타리에 구멍을 만들었다. 창암은 그 틈으로 머리를 들이밀다가 마당에 있던 그 집 일꾼 처녀와 딱 얼굴이 마주쳤다.

"에구머니나!"

처녀가 비명을 지르자 집안사람들이 달려 나왔다. 창암은 그 집 남자들에게 붙들려 칼을 빼앗기고 실컷 얻어맞은 뒤 대문 밖으로 내던져졌다.

창암은 어두운 들길을 따라 울면서 집으로 돌아왔다. 하지만 집 앞에 이르자 눈물을 그치고 옷섶으로 얼굴을 닦았다. 창암은 양반 집 아이들에게 얻어맞고 칼까지 빼앗겼다고 하면 아버지에게 혼날까 봐 조용히 방 안으로 들어갔다. 그 뒤로 창암은 이생원의 집에 발길을 끊었다.

창암은 들이나 바닷가로 나가서 뛰어놀았다. 추운 계절이 아니면 늘 아랫도리를 드러낸 채 긴 윗옷만 입고 상놈 아이들과 온 동네를 헤집고 다녔다. 창암은 점점 쾌활한 개구쟁이가 되었다.

하루는 부모님이 들일을 나가고 창암 혼자 집을 지키고 있었다.

창암은 집안을 마음껏 휘젓고 다녔다. 혼자 노는 데 지친 창암은 뭔가 신기한 일이 없을까 두리번거렸다. 마침 골목길에서 요란한 엿장수 가위 소리와 엿 타령이 울려 퍼졌다.

"고소한 깨엿, 살살 녹는 호박엿, 둘이 먹다 하나가 죽어도 모를 가락엿 사려! 깨진 밥그릇, 부러진 숟갈, 구멍 난 놋요강, 뭐든지 다 받아요!"

창암은 그 소리를 듣자 엿이 먹고 싶어 죽을 지경이었다. 하지만 엿장수가 아이들 고추를 떼어 간다고 겁을 주던 아버지의 말이 떠올랐다. 창암은 아버지가 쓰던 놋숟가락을 찾아 두 동강을 내고, 문을 걸어 잠근 채 문풍지를 뚫고 엿장수를 불러 숟가락 반 동강을 내밀었다. 엿장수는 문구멍으로 가락엿 한 뭉텅이를 들이밀었다. 창암은 엿을 받아 들고 정신없이 입안으로 욱여넣었다. 그때 누군가 방문을 흔들며 창암을 불렀다.

"창암아, 냉큼 문 열어라."

아버지의 목소리였다. 창암은 바지춤에 엿을 숨기고 문을 열었다. 하지만 아버지는 한눈에 창암이 한 짓을 눈치챘다. 창암의 손에는 놋숟가락 반 동강이 들려 있었고, 얼굴에는 콩가루가 잔뜩 묻어 있었다.

"방금 뭘 하고 있던 참이냐?"

"그냥 놀고 있었어요."

"이놈, 네가 한 짓이 버젓이 다 보이는데 거짓말을 한단 말이냐!"

아버지는 불호령을 내리며 회초리를 찾았다. 어린 창암의 눈에 금세 눈물이 가득 고였다.

"다시 이런 못된 짓을 하면 크게 혼날 줄 알아."

"……네."

아버지는 순순히 대답하는 창암을 보고 회초리를 거두었다.

그 일이 있고 얼마 지나지 않은 어느 날, 창암이 방에서 뒹굴고 있는데 아버지가 엽전을 이부자리 속에 밀어 넣고 일을 보러 나갔다. 창암은 아버지가 사립을 나서자 냉큼 엽전을 꺼냈다. 처음에는 구경만 하려고 했지만 엽전을 헤아리다 보니 자꾸 다른 생각이 났다.

'이걸 가지고 옆 동네 떡집에 가면 먹고 싶은 떡을 얼마든지 사먹을 수 있을 텐데.'

한번 떡 먹을 생각을 하자 창암은 참을 수가 없었다. 얼마 전 엿을 사 먹고 혼쭐이 난 일을 그새 까맣게 잊어버렸다. 창암은 엽전을 손에 쥐고 떡집으로 달려갔다. 창암이 바람처럼 골목길을 내달리는데 누군가 부르는 소리가 들렸다. 고개를 돌려 보니 친척 어른 한 분이 창암을 불러 세웠다.

"이 녀석아, 어딜 그렇게 바삐 가느냐?"

"떡 사 먹으러 가요."

"돈을 훔친 거 아니냐? 당장 내놓아라. 네 아버지에게 가져다줘

야겠다."

"싫어요."

창암이 엽전을 쥔 손을 숨기며 뒷걸음질을 쳤다. 친척 어른은 창암을 붙들고 엽전을 빼앗았다. 친척 어른이 사라진 뒤 창암은 아버지가 무서워 집에도 가지 못하고 이리저리 돌아다녔다. 창암은 날이 저물어서야 풀이 죽은 채 집에 들어섰다.

"네 이놈! 그토록 타일렀는데도 도적질하는 버릇을 고치지 못했단 말이냐!"

아버지가 불같이 화를 내며 창암을 붙들어 빨랫줄로 들보에 묶어 매달았다. 아버지는 회초리로 창암의 등과 엉덩이를 후려치기 시작했다. 창암이 내지르는 비명 소리가 골목 밖으로 울려 펴졌다. 마침 집 앞을 지나던 친척 할아버지가 비명 소리를 듣고 뛰어들어왔다.

"이 사람아, 버릇을 고치기는커녕 아이를 잡겠네."

친척 할아버지가 달려들었어도 아버지의 매질은 끊이지 않았다.

"당장 그치지 못하겠나. 어른의 말을 듣지 않으니 내가 자네를 혼내야겠네."

친척 할아버지는 회초리를 빼앗아 오히려 아버지의 등을 때렸다. 그리고는 창암을 업고 나가 그날 밤 자기 집에서 재웠다.

창암은 호랑이처럼 무서운 아버지에게 혼나는 때도 많았지만 보고 배우는 것도 그에 못지않게 많았다. 창암은 잘못된 일을 보고 물러서지 않고 싸우는 의로운 정신을 배웠다. 또한, 할머니가 세상을 떠날 때 손가락을 베어 입에 피를 넣어 줄 만큼 효자였던 아버지를 보며 효심을 배웠다.

창암은 아버지의 나쁜 점에서도 교훈을 얻었다. 어머니 곽낙원은 남편이나 집안 남자들이 술로 인해 큰 잘못을 저지르는 꼴을 많이 보았다. 어머니는 창암에게 아버지와 집안 남자들의 잘못을 들어 따끔한 가르침을 주었다.

"우리 집안에 일어난 풍파들이 다 술로 인해 생긴 것이다. 나중에 너마저 술을 마신다면 나는 목숨을 끊더라도 그런 꼴은 안 보겠다. 알겠느냐?"

"명심하겠어요, 어머니."

어린 창암에게도 어머니의 말은 가슴에 와 닿았다. 창암은 어머니의 당찬 모습에서 큰 힘을 얻었다. 어머니는 작고 연약했지만 마음은 아버지만큼이나 굳셌다.

가난과 풍파 속에서도 창암은 꿋꿋한 소년으로 자라났다. 철없던 개구쟁이 시절을 지나 소년이 되어가면서 창암은 이 사람 저 사람에게 글을 얻어 배웠다. 한글은 자연스레 읽을 수 있게 되었고, 집안 어른들에게 천자문도 익혔다.

창암이 열두 살 나던 해의 일이었다. 친척 할아버지가 서울에서 갓을 하나 사 왔다. 말의 꼬리털로 만든 그 갓은 벼슬아치나 양반이 쓰는 것이었다. 친척 할아버지는 그 갓이 너무 탐나서 밤중에 몰래 쓰고 다녔다. 그러다 하루는 이웃 동네 양반인 강씨네 사람과 딱 마주쳤다.

"아니, 이놈은 텃골 사는 김가 아닌가. 상놈 주제에 양반 흉내를 내다니. 무엄하다."

강 씨는 친척 할아버지의 갓을 빼앗아 찢고 짓밟았다.

"또다시 갓을 쓰고 나다니면 이 고장에서 발을 붙이지 못하게 할 테다."

양반은 위세를 부리며 제 갈 길로 가 버렸다. 창암은 그 소문을 듣고 몹시 분하였고, 한편으로 의아한 마음이 들었다.

'왜 우리는 갓을 쓰면 안 될까. 양반과 상놈은 왜 생겨났고, 왜 다르게 살아가야 할까. 한번 양반과 상놈이 정해지면 절대로 바뀌지 않는 걸까.'

창암은 틈을 보아 아버지에게 물었다.

"이웃 동네 강씨네는 어찌 양반이 되고, 우리 집안은 어찌 상놈이 되었습니까?"

"예전엔 우리 집안이 강씨네 선조보다 훨씬 나았단다."

"그런데 왜……."

"우리는 땅이나 파먹는 농투성이고, 강씨 집안은 진사가 세 사람이나 되지 않느냐."

"진사는 어떻게 되는데요?"

"글공부를 열심히 하여 과거에 급제해야지."

"그럼 저도 이제부터 과거 공부를 하러 서당에 다니겠습니다."

창암의 결심에 아버지는 긴 한숨을 내쉬었다.

"우리 동네엔 서당이 없고, 이웃 동네 양반 서당에서는 상놈을 받아주지 않는다."

창암은 아버지의 어두운 표정을 보고 입을 다물었다. 하지만 창암은 친척 할아버지가 당한 수모를 잊을 수가 없었다. 자신은 양반에게 괄시를 받으며 살고 싶지 않았다.

아버지 김순영은 며칠을 두고 고민에 빠졌다. 자기가 아무리 못 살아도 어린 아들의 희망을 못 본 척 할 수 없었다.

'서당이 없으면 만들면 될 게 아닌가. 혼자 못하면 여럿이 해야지.'

김순영은 자기와 뜻이 잘 맞는 집안사람들을 불러 의논했다.

"우리가 무식한 농투성이라고 자식까지 그렇게 살아야 되겠소? 우리도 서당을 엽시다."

"뜻은 좋다만 서당은 어디에 차리고, 누가 가르친단 말인가?"

"그건 내게 맡기고 모두들 가을에 쌀과 보리 몇 됫박씩만 내놓으시오."

김순영의 말에 사람들은 반신반의하며 고개를 끄덕였다. 김순영은 이웃 마을에 사는 이생원이라는 가난한 양반을 훈장으로 데려왔다. 그리고 자기 집 사랑을 치워 훈장이 지낼 방이자 서당으로 만들었다.

훈장이 오는 날, 창암은 머리를 빗고 새 옷을 입었다. 이생원은 키가 껑충하고 초라한 행색을 한 중늙은이였다.

"창암아, 선생님께 어서 인사 올려라."

창암은 긴장한 채 큰절을 올렸다. 창암의 눈에는 초라한 훈장이 신선처럼 거룩하게 보였다.

다음 날부터 창암은 새벽같이 일어나 사랑에서 글을 배웠다. 창암은 아침에 동무들이 오면 자기가 먼저 배운 것을 가르쳐 주었다. 낮에도 집안일을 도우며 입으로는 글을 중얼거렸다. 배운 것을 외우는 시험에서는 창암이 늘 으뜸이었다.

하지만 창암의 글공부는 오래가지 못했다. 아버지가 갑자기 병으로 쓰러진 것이다. 어제까지도 멀쩡하던 아버지는 하루아침에 몸을 움직이지 못하게 되었다. 몇 달에 걸친 어머니의 눈물겨운 보살핌으로 아버지는 한쪽 팔과 다리를 겨우 움직일 수 있었다.

아버지의 병환을 돌보느라 넉넉지 못하던 창암네 집은 거덜이 나고 말았다. 의원을 부르고 약값을 대느라고 집이며 가재도구마저 다 팔아 치웠다. 어머니 곽낙원은 빌어먹으면서라도 의원을 찾아 아버지의 병을 고치기로 작정했다.

세 식구는 황해도 북쪽으로 정처 없이 떠돌아다녔다. 신천과 안악을 지나 대동강이 가까운 장련까지 이르렀다. 아무 집에서나 밥을 얻어먹고 한뎃잠을 잤다. 어머니는 어린 창암이 고생하는 것을 보다 못해 장련의 먼 친척 누이 집에 창암을 맡겼다.

"우리가 없는 동안 누이 말 잘 듣고 들일도 많이 거들어야 한다. 알겠지?"

"……네."

어머니는 아버지를 부축하고 떠나면서 창암에게 신신당부를 했다. 창암은 눈물을 참으며 고개를 주억거렸다.

부모와 헤어진 뒤로 창암의 생활은 글공부를 하기 전의 모습으로 되돌아갔다. 힘겨운 농사일을 도우며 틈틈이 산으로 나무를 하러 다녔다. 몸집이 작은 창암이 나뭇짐을 지고 가면 사람은 보이지 않고 나뭇짐이 걸어가는 것 같았다.

어느 날 저녁, 창암은 어두운 산길을 따라 나뭇짐을 지고 내려오고 있었다. 창암이 땀을 씻으려고 잠시 쉬고 있는데 어디선가 낭랑한 소리가 들려왔다. 고개를 들어 보니 동네 서당에서 아이들이 글을 읽는 소리였다.

"도오선자(道吾善者)는 시오적(是吾賊)이요, 도오악자(道吾惡者)는 시오사(是吾師)니라."

"방금 너희가 읽은 글이 무슨 뜻인고?"

"나의 선한 점을 말하여 주는 사람은 곧 나를 해치는 사람이요, 나의 나쁜 점을 말하여 주는 사람은 곧 나의 스승이니라."

아이들과 훈장이 주거니 받거니 글 읽기에 열중하고 있었다. 창암은 그 소리를 듣고 있자니 두 눈에서 절로 뜨거운 눈물이 흘러내렸다. 밥을 빌어먹으며 떠돌고 있을 부모님과 인자했던 훈장님의 얼굴이 눈물 속에 어렸다.

'나도 다시 글을 읽을 날이 있을까.'

창암은 흘러내리는 눈물을 닦을 생각도 않고 오래도록 밤하늘만 쳐다보고 있었다.

차라리 마음이 올바른 사람이 되리라

"이번에 해주 감영에서 과거가 있다네. 창암이도 벌써 열일곱이고 그간 공부도 열심히 했으니 이번 과거에 나갔으면 좋겠네."

"듣던 중 반가운 소식이네그려."

정문재의 말에 창암의 아버지 김순영이 맞장구를 쳤다. 어제 글공부가 끝났을 때 정문재는 창암에게 아버지를 모셔 오라고 했었다. 이 말을 하려고 창암의 아버지를 부른 모양이었다. 정문재의 말을 듣고 창암도 깜짝 놀랐다.

'아, 드디어 과거를 보게 되는구나. 이 순간을 얼마나 기다렸던가.'

몇 해 전 창암의 식구들은 집도 없이 떠돌며 온갖 고초를 겪었다. 어머니는 아버지의 병을 고치려고 밥을 빌어먹으며 용한 의원을 찾아다녔다. 그동안 창암은 친척 집을 떠돌며 더부살이를 했다. 어머니의 정성으로 아버지는 건강을 되찾았다. 마침내 부모가 찾아왔을 때, 창암은 눈물을 쏟으며 울었다.

"아버지, 어떻게든 공부를 다시 하고 싶습니다."

"암, 그래야지. 이제 고향으로 돌아가자꾸나."

다시 세 식구는 고향인 텃골로 돌아왔다. 아버지와 어머니는 무슨 일이든 닥치는 대로 했다. 세 식구는 근근이 살림을 꾸려나갔다.

창암이 사는 텃골에서 십여 리 떨어진 학명동에 정문재라는 선비가 살았다. 정문재는 상민이었지만 학식이 높았다. 그는 김순영과 사돈이자 친구였다. 김순영은 무작정 정문재를 찾아갔다.

"여보게, 우리 창암이를 좀 부탁하네. 글공부를 너무 하고 싶어 하네. 어떡하든 학비를 마련하겠네."

"학비는 한 푼도 필요 없으니 걱정 말고 자네 아들을 내게 맡기게나. 그놈은 영특해서 잘할 수 있을 걸세."

정문재가 흔쾌히 허락하여 창암은 다음 날부터 서당에 다닐 수 있게 되었다. 창암은 새벽마다 밥그릇을 담은 망태기를 지고 십여 리 산길을 한달음에 뛰어다녔다. 창암은 늘 서당에서 먹고 사는 학생들이 일어나기도 전에 도착했다.

창암은 정문재에게 시를 짓는 법과《대학》이며《통감》같은 동양 고전을 배우고 익혔다. 몇 해가 지나자 창암은 학식이 깊어지고 몸

가짐도 의젓해졌다.

　과거를 앞두고 창암은 아버지가 어렵게 구해 준 한지에 글씨 쓰기를 연습했다. 종이를 아끼려고 하도 빽빽하게 글을 쓰다 보니 종이들이 온통 검게 변해 버렸다. 창암은 상놈으로 겪었던 설움을 생각하며 이를 악물었다. 이번 과거가 상놈의 한을 풀 절호의 기회라고 여겼다.

　해주 관아의 관풍각 주변이 과거장이었다. 너른 마당을 빙 둘러 새끼줄을 쳐 놓았고 입구에는 군졸들이 늘어서 있었다. 황해도 각지에서 올라온 사람들도 각양각색이었다. 머리를 땋은 소년, 하인을 거느리고 거드름을 피우는 양반, 그리고 머리에 하얗게 서리가 내린 노인도 여럿 보였다.

　과거장은 장터처럼 시끌벅적했다. 무리를 지은 사람들이 흰 천에 자기네 서당 이름을 써서 깃대에 달고 나왔다. 사람들은 좋은 앞자리를 차지하려고 몸싸움을 벌였다. 한편에서는 늙은 노인들이 감독관에게 애걸복걸하는 모습도 보였다.

　"내 나이 일흔이 넘었습니다. 이번 과거에 합격하면 죽어도 한이 없겠습니다."

　"소인을 합격 시켜 주면 몸 바쳐 은공을 갚겠습니다."

　난장판이 따로 없었다. 창암은 볼썽사나운 사람들의 모습에 실망하며 한구석에 자리를 잡았다. 드디어 시험 문제가 공개되었다.

창암은 시험 문제를 머릿속으로 곱씹으며 마음을 가다듬었다. 그런데 다른 사람들은 여전히 웅성거리며 소란을 피웠다.

'다들 조용히 답안지를 쓸 생각은 않고 왜 저러는 걸까.'

창암이 두리번거리며 사람들이 하는 양을 보니 이상하기 짝이 없었다. 사람들이 서넛씩 짝을 지어 답안지를 쓰고 있었다. 창암이 어안이 벙벙하여 앉아 있는데 정문재가 다가왔다.

"다들 돈으로 사람을 사서 시험을 치는구나. 한 사람은 글을 짓고, 다른 사람이 글씨를 쓰는 거야. 세상에, 나라가 망하려니까 과거까지 썩었구나."

정문재의 말은 창암에게 커다란 충격이었다.

"그럼 전 포기해야 하는 겁니까?"

"아니다. 내가 너 대신 글을 지어 아는 훈장에게 글씨를 써 달라고 해야겠다."

"그럴 수는……."

창암은 그럴 수는 없는 일이라고 말하고 싶었다. 그런데 그 순간 한평생 양반의 핍박을 받으며 살았던 아버지의 얼굴이 떠올랐다. 창암은 얼른 말을 바꾸었다.

"선생님, 저는 이번 과거를 포기하겠습니다. 그 대신 아버지의 이름으로 답안지를 만들어 주시면 좋겠습니다."

"기특하구나. 잘 생각했다."

창암은 정문재의 칭찬이 기쁘지 않았다. 창암은 자신의 옳지 못한 행동이 부끄러웠다.

정문재가 글을 불러 주고 다른 훈장이 글씨를 써서 답안지가 다 만들어졌다. 창암은 그 답안지를 내러 갔다. 시험관 앞에는 답안지를 잘 보이는 자리에 내려는 사람들이 서로 밀고 당기며 북새통을 이루고 있었다. 창암은 그 사람들 사이로 답안지를 던지듯이 내밀고 나왔다.

풀이 죽은 창암은 과거장을 나오며 옆 사람들이 수군대는 소리를 들었다.

"답안도 빨리 내야 시험관이 본다네. 뒤로 밀리면 보지도 않고 그냥 버린다는 거야."

"난 이번 과거를 포기했네. 과거도 돈이 있어야 급제할 수 있는 세상이 아닌가."

"그러게 말일세."

창암은 사람들의 이야기를 들으며 과거에 대해 다시 생각하게 되었다.

'과거 제도가 썩었다면 공부가 무슨 소용이 있나. 아무리 열심히 공부해도 돈이 없다면 부자 양반의 답안지나 쓰는 사람밖에 더 되나.'

창암은 실망을 안고 집으로 돌아왔다. 그러고는 아버지에게 자기 결심을 밝혔다.

"과거 공부를 그만두겠습니다. 돈이 없다면 공부도 소용이 없다는 걸 알았습니다. 그리고 조상의 뼈나 섬기는 죽은 양반은 이제 되고 싶지도 않습니다."

아버지도 해주까지 창암을 따라가서 듣고 보았던 터라 말없이 고개를 끄덕였다.

"잘 생각했다. 차라리 풍수나 관상을 공부해서 살아갈 방도를 찾아 보거라."

"풍수나 관상을요?"

"풍수를 배우면 사람들을 위해 명당을 찾을 수 있고, 관상을 익히면 선한 사람을 알아보고 사귈 수 있지 않겠느냐. 풍수나 관상을 하면 출세는 못 해도 굶어 죽지는 않을 거야."

창암은 아버지의 말이 옳다고 여겼다. 창암에게는 풍수보다 관상이 더 좋아 보였다.

"저에게 관상 책을 좀 구해 주십시오."

며칠 뒤 아버지는 창암에게 《마의상서》라는 관상 책을 가져다주었다. 창암은 그 책부터 시작하여 몇 달 동안 틀어박혀 관상을 공부했다. 창암은 거울을 앞에 놓고 자기 얼굴부터 살펴보았다. 그런데 자기 얼굴에는 좋은 상이 거의 없었다. 출세할 운도, 큰돈을 벌 운도 없었다. 오히려 가난하고 불길한 상이 더 많았다.

'나는 역시 천한 상놈으로 살아갈 운명인가.'

창암은 실망이 들었지만 책에서 한 구절을 발견하고 무릎을 쳤다.

관상이 아무리 좋아도 몸이 좋은 것만 못하고,
몸이 아무리 좋아도 마음이 좋은 것만 못하다.

이 말에서 창암은 큰 깨달음을 얻었다.

'맞아. 아무리 좋은 관상을 타고나도 몸이 건강해야지. 그리고 아무리 몸이 좋아도 마음이 올바르지 않으면 무슨 소용이람. 이제부턴 마음을 갈고 닦아 옳은 일을 실행하는 사람이 되어야지. 그게 진짜 양반이야.'

창암은 자기가 왜 과거 공부에 그토록 매달렸는지를 떠올려 보았다. 그건 과거에 급제하여 벼슬을 얻어 상놈에서 벗어나겠다는 욕심 때문이었다. 그는 지난 일을 반성하며 종이에 '호심인(好心人)'이라고 써보았다. 그건 '마음 좋은 사람'이라는 뜻이었다.

'이 세 글자가 내 좌우명이다. 그런데 마음 좋은 사람이 되려면 무얼 어떻게 해야 할까.'

창암은 《손자》와 《삼략》 같은 책들을 구하여 읽었다. 그 책들은 군사를 다스리고 장수가 되는 길을 다루는 병서였다. 그에게 군인이 될 마음은 없었다. 그는 그 책 속에서 마음을 갈고닦을 방법을 찾아보고 싶었다.

창암은 병서들을 열심히 읽는 한편으로 동네 아이들을 모아 글을 가르쳤다. 그는 아이들을 가르치는 일이 재미있었다. 글을 모르던 아이가 조금씩 깨우칠 때마다 보람을 느꼈다. 그러면서도 자기 인생을 생각하면 답답함에 사로잡혔다.

'공부를 즐기고 사람을 가르치는 일은 소중해. 하지만 좀 더 보람찬 삶이 없을까.'

창암이 앞날에 대해 고민하고 있을 때 기이한 소문이 떠돌았다. 사랑방이나 거리에 모인 사람들이 이상한 이야기를 주고받았다.

"남쪽 포동 마을에 오응선이라는 양반이 사는데, 그 사람은 동학을 공부한 뒤 방문을 열지 않고도 문밖을 드나든다네."

"에이, 신선이나 도깨비가 아니고서야 어떻게 그럴 수 있나."

"그 동네 사람 말로는 오응선이 공중으로도 걸어 다닌다고 하던걸."

"설마."

소문은 꼬리에 꼬리를 물고 이어졌다. 창암은 이런 소문을 듣고 처음엔 웃고 말았으나 차츰 호기심이 생겼다. 오응선이라는 사람을 한번 만나보고 싶었다. 그리고 동학이라는 게 무슨 가르침을 지닌 것인지 궁금했다.

이제 창암은 열여덟 살의 듬직한 청년이 되어 있었다. 그는 설날이 며칠 지난 어느 날 푸른 도포를 차려입고 포동 마을로 오응선을 찾아갔다. 오응선의 집에 들어서는데 방에서 무슨 주문 외는 소리가 울려 나왔다. 창암은 방문에 대고 말하였다.

"주인어른 계시오."

주문 외는 소리가 그치더니 젊고 잘생긴 청년이 나왔다.

"무슨 일로 오셨습니까?"

"저는 텃골에 사는 김창암이라 합니다. 오응선 선생님을 뵈러 왔습니다."

"제가 오응선입니다. 어서 안으로 드십시오."

창암은 깜짝 놀랐다. 오응선은 양반인데 상놈인 자기에게 높임말을 쓰는 게 아닌가. 창암은 방에 들어서서 오응선에게 큰절을 했다. 그러자 오응선도 똑같이 창암에게 큰절을 하였다.

"저는 상놈이고 나이도 어린데 어찌 저한테 높임말을 쓰십니까?"

"양반이나 상놈이나 다 똑같이 귀한 사람입니다."

창암은 다른 세상에 온 기분이었다. 지금껏 양반에게 이런 대접을 받아 보기는 처음이었다. 창암은 자세를 더욱 바르게 고쳐 앉았다.

"저는 선생께 동학의 가르침을 배우러 왔습니다."

"아주 잘 오셨습니다. 동학은 최제우 선생께서 처음 시작했습니다. 동학은 사람을 하느님처럼 존중합니다. 그리고 동학은 썩은 세상을 갈아엎고 모두가 똑같이 잘사는 새로운 세상을 만들려고 합니다."

오응선의 말은 청산유수처럼 이어졌다. 창암에게 그의 말은 하나같이 놀라웠다. 그중에서도 양반과 상놈의 씨가 다르지 않다는 말이 가장 가슴에 와 닿았다. 평등한 새 세상을 만들어야 한다는 말도 옳다고 생각했다. 이 나라가 얼마나 썩었는지 보고 느꼈던 과거 시험장의 기억이 떠올랐다. 그는 계급이나 돈에 얽매이지 않고 모두가 평등하다고 주장하는 동학을 따르고 싶은 마음이 불같이 일었다.

"당장 선생의 가르침을 받고 싶습니다. 어찌하면 될까요?"

"동학은 사람이 살아가는 도를 공부합니다. 누구나 동학에 입도할 수 있지요."

창암은 동학의 가르침을 기록한 책들을 보고, 오응선과 입도식 날짜를 약속했다. 그는 집으로 돌아와 아버지에게 자신의 뜻을 전했다. 아버지는 기꺼이 허락하며 입도식에서 쓸 쌀과 종이, 초를 구해 주었다. 아버지는 자기도 입도하겠다고 나섰다.

입도식은 맑은 물 한 사발을 떠놓고 주문을 외는 것으로 금방 끝났다. 입도식이 끝난 뒤 창암은 오응선과 아버지 앞에서 마음속에 품고 있던 말을 꺼냈다.

"오늘 저는 새로 태어났으니 새 이름을 쓰고 싶습니다. 이제부터

창수라고 불러 주십시오."

아버지가 대견하다는 표정으로 고개를 끄덕였다.

창수는 포동을 오가며 동학에 몰두했다. 《동경대전》과 《용담유사》 같은 동학의 책에 빠져들었고 몰라보게 달라졌다. 누구에게나 공손하면서 누구 앞에서도 당당했다. 그가 동학을 한다는 소문이 퍼지자 사람들은 그를 만나기만 하면 이런저런 질문을 던졌다.

"이보게, 동학을 공부하니 어떤 재주가 생기던가?"

"동학은 절대로 미신이 아닙니다. 모든 사람이 선하게 살자는 가르침이지요."

"이 사람이 뭔가 숨기는 거 아냐? 그러지 말고 나한테만 한번 보여주게."

"하하하, 정 궁금하시면 저와 함께 동학을 공부해 보십시오."

창수가 정직하게 대답해도 사람들은 믿으려 하지 않았다. 사람들은 어딘지 크게 달라진 그에 대해 이상한 소문을 만들어 퍼트렸다.

"김창수는 수십 리 길을 눈 깜짝할 사이에 다녀온다네."

"창수가 공중으로 떠서 걸어가는 걸 본 사람이 있다는구면."

그런 소문이 퍼지면서 동학에 들어오겠다는 사람들이 김창수에게 몰려들었다. 몇 달이 지나지 않아 그에게 가르침을 받겠다며 따르는 무리는 수백 명이 넘어섰다.

동학은 경상도 경주 사람 최제우가 만든 새로운 종교 운동이었다. 가난한 선비였던 최제우는 숱한 고생과 힘겨운 공부를 통해 깨달음을 얻었다. 최제우는 사람은 모두 평등하고, 서로 힘을 합치면 사람답게 사는 새로운 세상을 이룰 수 있다고 믿었다.

최제우의 가르침은 사람들에게 큰 환영을 받았다. 양반들에게 천대받고 벼슬아치들에게 시달려 온 사람들이 동학 교인이 되었다. 그 위세에 놀란 조정과 양반들은 동학이 백성들의 마음을 흐리게 하는 사악한 미신이라고 탄압하기 시작했다.

최제우는 1864년 대구 감영에서 사형을 당했다. 그러나 그 뒤에도 동학 교인은 오히려 더욱 늘어나 방방곡곡 퍼져나갔다. 동학은 백성들의 가슴에 맺힌 한과 울분을 어루만져 주었다. 동학 교인들은 최제우의 억울한 죽음을 씻어 달라고 조정에 상소를 올렸다. 하지만 조정에서는 번번이 들어주지 않고 동학을 더욱 탄압했다.

동학은 교인들을 접이라는 무리로 나누었다. 접을 이끄는 우두머리는 접주였다. 김창수는 어느덧 황해도와 평안도에서 가장 많은 교인을 거느린 접주가 되었다. 스무 살도 안 된 어린 나이의 그를 사람들은 '아기 접주'라고 불렀다.

1894년 갑오년의 새해가 밝았다. 김창수는 열아홉이 되었다. 그해 가을, 그는 황해도의 동학 대표 가운데 한 사람으로 동학의 지도자 최시형을 만나러 충청도 보은으로 갔다. 충청도로 떠나기 전에 땋은 머리를 자르고 관을 썼다. 누가 보아도 늠름한 청년이었다.

황해도의 열다섯 접주들은 최시형 앞에 큰절을 올렸다. 최시형도 똑같이 절을 했다.

"멀리서 오느라 수고했소."

나이가 지긋한 최시형은 눈빛이 맑고 수염이 길었다. 김창수와 접주들은 동학교인 명단을 최시형 앞으로 내밀었다. 그때 한 사람이 들어와서 최시형에게 급한 소식을 전했다.

"대도주님, 지금 남쪽의 여러 고을에서 관군이 교인들을 마구 잡아들이고 있습니다. 왜놈 군대도 관군을 돕고 있습니다."

"음……."

"그리고 전라도 고부에서는 전봉준 접주가 교인과 농민을 이끌고 관군과 싸우고 있습니다. 어찌해야 하겠습니까?"

보고를 듣고 있던 최시형의 얼굴이 분노로 일그러졌다.

"호랑이가 달려드는데 가만히 앉아서 죽는단 말인가? 몽둥이라도 들고 나가서 싸워야지."

이 말이 떨어지자 사람들의 움직임이 부산스러워졌다.

"드디어 대도주님의 명령이 떨어졌다!"

"고향으로 돌아가 썩은 관리들을 처단하고, 우리나라를 빼앗으려는 왜적을 몰아내자!"

전국에서 모여든 접주들은 서둘러 떠났다. 김창수 일행도 황해도로 돌아가는 길에 올랐다. 이때부터 나라 곳곳에서는 동학 농민군이 관군과 일본군에 맞서 전쟁을 벌이기 시작했다. 동학농민운동이 벌어진 것이다.

동학농민운동은 동학 교인과 농민이 나라의 썩은 정치를 바꾸려고 나선 운동이었다. 그해 3월, 전라도 고부에서 동학 접주 전봉준, 손화중, 김개남이 사천여 농민군을 이끌고 전주성을 점령했다.

'나라를 구하고 백성들을 평안하게 살게 하라!'

'백성들의 괴로움을 없애고 먹고살게 해 달라!'

동학 농민군은 두 가지 깃발을 내걸었다. 그러자 청나라와 일본이 조선을 돕겠다는 구실로 군대를 파견했다. 조정에서는 동학 농민군을 달래려고 애를 썼다. 동학 농민군은 조정에 농민을 위한 정치를 할 것, 그리고 청나라와 일본의 군대는 당장 철수할 것을 요구했다. 조정이 이 요구를 받아들여 동학 농민군은 각자 고향으로 돌아갔다.

그런데 일본군은 청일전쟁을 벌여 청나라 군대를 몰아내고 자신들은 물러나지 않았다. 이에 동학 농민군은 1894년 9월에 다시 들고일어나 일본군을 몰아내는 싸움에 나섰다. 이번에는 '왜적을 몰아내고 나라를 구하자!'는 깃발을 앞세웠다.

김창수가 최시형을 만나러 갔을 때는 바로 9월의 두 번째 싸움이 시작될 무렵이었다. 온 나라가 전쟁의 기운으로 가득 찼다. 김창수 일행은 황해도로 돌아가는 길에 수많은 동학 농민군을 만났다. 그들은 초라한 차림이었지만 죽창을 든 손에는 힘이 넘쳐났다.

'이제 새 세상이 열리고 있는 것인가? 나는 이 싸움에서 잘 해낼 수 있을까?'

김창수는 기대와 함께 묘한 흥분을 느꼈다. 그는 고향으로 가는 길을 서둘렀다. 내딛는 발걸음에 절로 힘이 들어갔다.

새 세상을 향한 싸움에 나서다

김창수는 말 위에 앉아 해주 감영의 서문을 내려다보았다. 초겨울의 흐린 하늘 아래 성문 위로 관군과 일본군의 총검들이 삐죽삐죽 솟아올라 있었다. 그는 말고삐를 잡고 천천히 뒤로 돌아섰다. 선녀산을 등지고 수만 명의 동학 농민군이 그의 명령을 기다리고 있었다.

이날 김창수는 황해도 동학 농민군을 맨 앞에서 이끄는 선봉장이었다. 그가 사는 텃골이 팔봉산 아래 있었기 때문에 사람들은 그를 '팔봉접주'라고 불렀다. 팔봉접은 칠백 명의 산포수(사냥하는 일을 직업으로 하는 사람)로 이루어져 있었다. 험한 산자락을 누비는 그들은 사격술의 고수였다. 이윽고 김창수가 입을 열었다.

"우리는 오늘 왜적을 몰아내고 새 나라를 만들기 위한 싸움에 나섰습니다. 해주성 안에는 지금 이백여 명의 관군이 있을 뿐이고 왜군은 채 열 명도 되지 않습니다. 상대가 아무리 좋은 무기를 가지고 있다고 해도 승리는 우리 것입니다."

"옳소!"

여기저기서 거센 함성이 일었다. 김창수는 칼을 들어 팔봉접을 포함한 여러 동학군들의 함성을 가라앉혔다.

"팔봉접은 저와 함께 여기 남고, 나머지는 모두 남문으로 쳐들어갑니다. 관군과 왜군이 남문으로 몰리는 사이 팔봉접이 서문을 부수겠습니다. 어서 서두르십시오!"

김창수의 작전 명령에 팔봉접 부대를 제외한 동학군들이 남문 쪽으로 이동해 갔다. 얼마나 시간이 흘렀을까. 남문 쪽에서 엄청난 함성 소리와 함께 일본군이 쏘는 총탄 소리가 들려왔다.

"이제 우리 팔봉접이 나갈 차례다. 돌격하라!"

김창수는 말에 박차를 가하며 서문을 향해 달려갔다. 그의 한 손에는 칼이, 다른 한 손에는 선봉장의 깃발이 들려 있었다.

"와아아……."

칠백 명의 산포수들이 함성을 지르며 김창수를 따라 내달렸다. 팔봉접의 동학군은 성난 파도처럼 성문을 향해 돌진했다. 그 순간 성문 쪽에서 몇 발의 총알이 날아왔다. 김창수와 동학군은 머뭇거리지 않고 달렸다. 그들이 서문에 거의 다다랐을 때였다.

"선봉장, 어서 후퇴하시오!"

김창수가 뒤돌아보니 최고 회의의 지도자 한 사람이 말을 타고 달려오며 소리쳤다.

"무슨 일입니까? 서문만 깨부수면 해주성을 함락시킬 수 있습니다."

"작전이 어그러졌소. 남문으로 공격해 들어가는데 왜군이 뒤에서 덮쳤단 말이오. 여러 명이 죽고 모두 뿔뿔이 흩어져 버렸소."

"이럴 수가……."

해주성 밖에 있던 일본군이 전투 소식을 듣고 어느새 달려온 것이었다. 물러나지 않을 도리가 없었다. 이대로 서문을 부수고 들어가면 수가 늘어난 적들에게 포위될 게 뻔했다.

"팔봉 군사는 후퇴하라! 회학동에서 집합한다!"

회학동은 해주성에서 서쪽으로 팔십 리 거리에 있었다. 일본군과 관군은 총을 쏘며 삼십 리를 뒤쫓다 물러갔다. 김창수와 팔봉접 군사들은 무사히 후퇴할 수 있었다.

그날 해주성 싸움에 나선 동학 농민군은 무려 삼만 명이나 되었지만 최신 무기로 무장한 일본군을 이기지 못했다. 팔봉접을 빼놓고 다른 접의 군사는 여럿이 죽고 적에게 사로잡혔다. 겨우 도망친 사람들도 뿔뿔이 흩어져 버렸다.

"분하다. 성 밖의 왜군이 조금만 늦게 왔어도 해주성을 점령할 수 있었는데……."

1894년 11월 27일의 긴 하루가 무심하게 저물고 있었다. 붉게 타오르는 노을을 바라보며 김창수의 눈가에 분노의 눈물이 맺혔다. 그는 줄을 맞춰 선 군사들 앞으로 나섰다.

"오늘 싸움은 패했습니다. 하지만 우리는 여기서 새로운 싸움을 준비합시다."

다음 날부터 김창수는 군사를 더 모으고 엄격하게 훈련시켰다. 그는 먼 고을까지 가서 군대 장교를 지냈던 사람들을 찾아 교관으로 데려왔다. 교관들은 동학군에게 신식 군대에서 배우는 총검술과 체조를 가르쳤다.

김창수는 학식이 높은 선비들도 찾아가 자신과 군사들의 스승으로 모셨다. 정덕현과 우종서 같은 선비들이 김창수와 함께 지내게 되었다. 김창수는 두 사람에게 깍듯하게 대하며 앞으로 어떻게 해야 할지를 물었다. 두 사람은 김창수에게 다섯 가지 규율을 정해 주었다.

"첫째, 모든 군사가 명령에 절대복종하게 하시오. 둘째, 백성들의 곡식이나 돈을 빼앗지 못하게 하고, 그걸 어기면 엄벌에 처하시오. 셋째, 학식과 덕이 높은 선비를 모셔 와 좋은 의견을 듣고 가르침을 받으시오. 넷째, 구월산은 산이 높고 험하니 그곳으로 옮겨 군사를 안전하게 훈련시키시오."

"당장 그렇게 하겠습니다."

"마지막으로, 지금 재령군과 신천군에 왜놈들이 쌓아 놓은 군량미가 수천 석이 있소. 그걸 빼앗아 구월산으로 옮겨 양식으로 삼으시오."

"좋은 생각입니다."

김창수는 두 사람의 의견에 적극 찬성했다. 그는 군사들을 구월산의 패엽사라는 절로 옮기기로 하고 떠날 채비를 차렸다. 그러던 어느 날 밤 부하가 낯선 사람을 김창수에게 데려왔다.

"이 자가 접주님을 뵙겠다고 합니다."

"그래요? 어디서 무슨 일로 온 사람이오?"

김창수가 낯선 자에게 고개를 돌리자 그는 은근한 목소리로 말을 꺼냈다.

"저는 여기서 이십 리 떨어진 청계동의 안 진사 어른이 보내서 왔습니다."

"청계동 안 진사라면 안태훈 말이오?"

김창수는 깜짝 놀랐다. 안태훈이라면 학식과 조정에 대한 충성심이 높기로 이름난 사람이었다. 그때 안태훈은 삼백 명의 산포수들을 모아 동학 농민군을 토벌하고 있었다. 안태훈의 토벌대는 수많은 동학군을 무찌르고 잡아들였다. 동학군은 안태훈이라는 이름만 들어도 두려워했다.

"그렇습니다. 안 진사님께서 김 접주님께 사찰을 보내셨습니다."

김창수는 안태훈이라는 이름에 기분이 좋지 않았지만 편지를 읽어 내려갔다.

김창수 접주!

그대가 비록 나이가 어리지만 용맹하고 훌륭한 젊은이라 들었소. 그대는 언젠가 나라를 위해 큰일을 할 사람이오. 나는 그대처럼 아까운 인재를 다치게 하고 싶지 않소. 우리 서로 싸움만은 피하도록 합시다. 혹 우리 둘 중에 하나가 어려움에 빠지면 서로 돕는 게 어떻겠소?

김창수에게 안태훈은 적이었지만 그의 마음씨가 밉지 않았다. 그는 곰곰이 생각한 끝에 심부름꾼에게 말했다.

"나도 안 진사의 훌륭한 인품을 잘 알고 있소. 안 진사가 공격하지 않는다면 나도 싸움을 걸지 않겠소. 그리고 만약 안 진사가 어려움에 빠진다면 기꺼이 돕겠소."

심부름꾼은 김창수가 써 준 답장을 들고 돌아갔다. 이렇게 김창수와 안태훈 사이의 비밀 약속이 이루어졌다. 그 뒤 김창수는 군사를 이끌고 구월산 깊은 산자락에 있는 패엽사로 들어갔다. 그는 계획한 대로 재령군과 신천군에 있는 일본군의 군량미를 빼앗아 패엽사로 옮겼다. 양식이 가득 쌓이자 든든한 마음이 들었다.

김창수는 군사들을 엄격하게 다스렸다. 규율을 어기는 군사에게는 엄한 벌을 내렸다. 그는 인근 마을의 백성들을 돕고 보호하는 한편 군사 훈련에 몰두했다.

그때 구월산에는 김창수 말고 또 다른 동학군이 들어와 있었다. 이동엽이라는 접주가 이끄는 그 동학군은 백성들의 양식과 재물을 빼앗고 괴롭히는 일이 많았다. 김창수는 백성들을 괴롭히는 이동엽의 군사들을 잡아 벌을 주어 돌려보내곤 했다. 이에 반감을 갖고 있던 이동엽은 김창수를 미워하며 패엽사에 쌓인 군량미를 빼앗으려고 노리고 있었다.

그해가 끝나가던 섣달의 어느 날이었다. 김창수가 아침을 먹고 쉬고 있는데 한 군사가 비명을 지르며 달려들었다.

"이동엽이 쳐들어온다!"

그 말이 끝나자마자 수십 발의 총소리와 함께 이동엽의 군사들이 쏟아져 들어왔다. 이동엽의 군사들은 팔봉접 군사들을 닥치는 대로 쏘고 찔렀다.

"김창수 접주는 해치지 말고 단단히 묶어라."

이동엽의 명령에 따라 김창수는 온몸이 꽁꽁 묶이고 말았다. 이동엽은 김창수를 해치면 동학에서 큰 벌을 받을까 두려워 해치지는 않았다. 그 대신 김창수의 옆에서 그를 도우며 따르던 이용선을 끌고 갔다.

"이용선은 내 명령을 따랐을 뿐이니 대장인 나를 죽여라!"

김창수가 소리쳤지만 소용이 없었다. 얼마 뒤 밖에서 "타앙!" 하는 총소리가 났다. 이용선이 총을 맞고 쓰러졌다.

이동엽의 공격으로 김창수는 모든 것을 잃었다. 군사들은 산속으로 도망치거나 이동엽의 부하가 되었다. 김창수는 맨몸으로 풀려나 이용선의 주검을 찾았다. 김창수는 입고 있던 옷을 벗어 싸늘한 이용선의 몸을 감쌌다. 그러고는 소리 내어 울며 땅에 정성껏 묻어 주었다.

그날 밤 김창수는 동네 사람들이 주는 옷을 입고 정덕현의 집으로 찾아갔다.

"정 선생님, 이용선의 분한 죽음을 반드시 복수할 것입니다."

"지금은 때가 아니오. 이제 김 접주 군사가 없어졌으니 왜군과 관군이 패엽사로 쳐들어갈 것이오. 김 접주는 우선 몸을 피하고 뒷날을 기다려야 하오."

정덕현의 도움으로 김창수는 장연군 바닷가의 몽금포로 갔다. 그가 몽금포에서 숨어 지내는 몇 달 동안 세상이 크게 바뀌었다. 그 사이 정덕현의 말대로 이동엽은 패엽사로 쳐들어온 일본군과 관군에게 잡혀 죽임을 당했다. 그리고 황해도뿐만 아니라 모든 동학군이 싸움에서 패하고 말았다.

외세를 몰아내고 모두가 평등한 새 세상을 만들겠다는 동학 농민군의 꿈은 물거품이 되었다. 동학 농민군의 뛰어난 지도자였던 전봉준도 관군에게 잡혀 죽을 날만 기다리고 있었다. 동학의 지도자 최시형은 정처 없이 쫓기는 신세가 되었다.

1894년의 동학농민운동은 그렇게 끝났다. 그리고 1895년 을미년의 새해가 밝았다. 오갈 데 없이 쫓겨 다니는 김창수도 새해를 맞이했다. 그러나 여전히 사방에서는 일본군과 관군이 동학군을 잡으려고 눈에 불을 켜고 다녔다. 김창수는 정덕현과 함께 이리저리 숨어 다녀야 했다.

'이제 어디로 가야 하나. 그리고 무엇을 해야 하나.'

수많은 생각이 김창수의 머릿속에서 어지럽게 오고 갔다. 그 순간 청계동의 안태훈 진사가 보냈던 편지와 누구든 어려움에 빠지면 서로 돕자던 약속이 떠올랐다. 그는 머리를 흔들었다.

'싸움에 패한 것도 분한데 동학군을 잡으러 다녔던 사람에게 갈 수는 없어.'

하지만 김창수의 마음속에서는 또 다른 목소리가 울렸다.

'안 진사도 나라를 사랑하기로 이름이 높은 사람이니 내게 좋은 가르침을 줄지도 모른다.'

김창수는 오랜 생각 끝에 안태훈에게 가기로 결심했다. 우선 목숨을 구하고 나서 앞날에 뭔가 보람 있는 일을 하고 싶었다. 이대로 죽기에는 스무 살의 나이가 너무나 억울했다.

안태훈이 사는 청계동은 천봉산이라는 큰 산에 둘러싸인 곳이었다. 안태훈의 집은 동네 한가운데 웅장하게 자리 잡고 있었다. 김창수는 동네 앞을 지키고 있는 병사에게 이름을 댔다. 병사는 이름을 듣자 깜짝 놀라며 그를 안태훈에게 이끌었다.

"정녕 김 접주가 맞습니까? 쫓겨 다닌다는 소식을 듣고 얼마나 찾았는지 모릅니다."

안태훈은 친형제라도 만난 듯이 반겼다.

"그런데 김 접주의 부모님은 어디 계십니까?"

"……제 고향 텃골에 그대로 계십니다."

"그런 위험한 곳에 계시다니요. 여봐라, 병사 서른 명을 텃골로 보내 김 접주의 부모님을 당장 모셔 오너라."

안태훈은 병사들에게 명령을 내리고 이웃 마을의 집 한 채를 김창수에게 내주었다.

다음 날부터 김창수의 식구는 청계동에서 살게 되었다. 안태훈은 김창수를 위해 많은 도움을 주었다. 살림을 장만해 주었고, 양식도 꼬박꼬박 보내 주었다.

김창수는 날마다 안태훈의 집에 들러 사람들과 세상 돌아가는 이야기도 하고 책도 읽었다. 안태훈의 집에는 여섯 형제가 다 모여 살았는데 모두 학식이 뛰어나고 글씨도 잘 썼다. 그리고 안태훈에게는 세 아들이 있었다. 그중에 열일곱 살 먹은 맏아들이 후에 이토 히로부미를 암살한 안중근이었다.

안중근은 항상 이마에 자주색 수건을 묶고 총을 메고 다녔다. 안중근은 사냥터에서 병사들과 사격 솜씨를 겨룰 때마다 백발백중이었다. 새든 들짐승이든 안중근에게 걸리면 꼼짝없이 잡히고 말았다. 안중근은 자기가 잡은 노루와 고라니를 병사들에게 나누어 주곤 했다.

안중근은 어려서부터 글공부보다 사냥을 좋아해서 안태훈의 걱정거리였다. 그러나 안중근은 아버지에게 당당하게 말했다.

"저는 초나라 항우처럼 대장부가 되고 싶습니다. 그러니 염려하지 마십시오."

안태훈은 아들의 결심을 듣고 난 뒤부터 더 이상 잔소리를 하지 않았다. 이런 안중근을 김창수도 퍽 좋아하며 큰 기대를 하게 되었다. 김창수는 안중근뿐만 아니라 학문과 무술을 사랑하며 정신이 바른 그의 집안 식구들을 모두 좋아하였다.

안태훈의 사랑방에는 나이가 오십 가량의 중늙은이가 자주 들렀다. 그 노인은 자세가 바르고 검소한 모습을 하고 있었다. 안태훈은 그 노인에게 항상 예절을 갖추어 대했다.

'학자처럼 보이는 저분은 누굴까?'

김창수는 그 노인이 누군지 궁금했다. 어느 날 그와 안태훈, 그리고 노인이 한 방에 있게 되었다. 안태훈이 김창수를 돌아보며 말했다.

"김 접주, 선생님께 인사를 드리십시오."

김창수가 큰절을 하고 나자 안태훈이 그 노인을 소개해 주었다. 노인은 황해도에서 학문이 높기로 유명한 학자 고능선이었다. 고능선은 해주 사람인데 그의 살림이 가난한 것을 안타까워한 안태훈이 청계동으로 불러 살게 해 주었다. 고능선은 김창수를 보고 무척 반가워했다.

"김 접주가 왔다는 소식은 내 벌써 들었네. 우리 집에도 자주 놀러 오게나."

"선생님을 뵙게 되어 영광입니다. 어리석은 저에게 많은 가르침을 주십시오."

고능선은 김창수의 대답을 듣고 활짝 미소를 지었다.

다음 날 김창수는 고능선을 찾아갔다. 고능선은 김창수를 반기며 사랑방으로 이끌었다. 고능선의 작은 사랑방에는 책들이 그득 쌓여 있었다. 김창수는 고능선을 만난 게 행운처럼 여겨졌다. 그는 고능선의 정이 넘치는 얼굴을 보자 마음속의 괴로움을 털어놓고 싶었다.

"선생님, 제 나이 스물인데 아직도 뭘 해야 할지 몰라 답답합니다. 저는 일찍이 마음이 올바른 사람이 되고 싶었습니다. 하지만 늘 실패만 하고 살았습니다."

이렇게 말하는 동안 김창수는 저도 모르게 뜨거운 눈물을 쏟았다.

"사람은 누구나 실패를 겪고 좌절하며 살기 마련이네. 마음이 올바른 사람이 되려 한다니 자네는 반드시 보람 있는 인생을 살 거야. 앞으로 나하고 세상 돌아가는 이야기도 하고 학문도 토론하면 좋겠네."

고능선의 말은 김창수에게 큰 위로가 되었다. 그날부터 김창수는 날마다 고능선의 사랑방에 가서 지냈다. 고능선은 김창수에게 옛사람들의 삶이나 가르침을 설명해 주기도 했다. 고능선의 사랑방은 김창수에게 너무나 좋은 학교였다. 그러던 어느 날 고능선은 김창수에게 시 한 구절을 써서 보여 주었다.

가지를 붙잡고 나무에 오르는 건 쉬운 일이나
벼랑 끝에 매달려 잡은 손을 놓는다면 가히 대장부로다.

고능선은 글자 하나하나 손으로 짚으며 설명해 주었다.

"누구나 가지를 붙잡으면 나무에 쉽게 오를 수 있지. 그러나 벼랑 끝에 매달린 사람이 손을 놓아 버리면 죽지 않겠나. 그건 참으로 어려운 일이네. 하지만 정신이 올바른 사람은 큰 뜻을 위해 기꺼이 자신의 목숨을 바칠 줄 알아야 하는 법이라네."

김창수는 고개를 깊이 끄덕였다. 그는 그 글귀를 마음 깊이 새겼다.

'그렇다면 내가 목숨을 바쳐서 해야 할 일이란 무엇일까?'

김창수는 며칠 동안 깊은 생각에 잠겼다. 고능선의 사랑방에서 지내는 시간은 날이 갈수록 길어졌다. 두 사람은 이야기에 열중하느라 밤이 깊은 줄도 모르고 지냈다. 어느 깊은 밤, 고능선은 나라의 앞날에 대한 자기 생각을 꺼냈다. 그날따라 고능선은 몹시 슬픈 표정이었다.

"옛날엔 나라가 망해도 땅과 백성은 그대로이고 임금만 바뀌었지. 지금 조선도 망해 가고 있는 중이네. 헌데 조선이 망하면 임금도 땅도 백성도 다 사라지게 생겼네."

이렇게 말하는 고능선의 눈에 눈물이 고였다. 김창수도 저절로 눈가가 뜨거워졌다. 고능선은 나직이 말을 이어 갔다.

"조선이 왜놈한테 모든 걸 빼앗기고 있는데 벼슬아치는 자기 안위만 생각하고 학자는 그저 혀만 차고 있지."

"……."

"나라가 망할 때도 신성하게 망하는 길과 더럽게 망하는 길이 있다네. 조선은 지금 더럽게 망하고 있어."

"그건 무슨 뜻입니까?"

"백성들이 적과 끝까지 싸우다 망하면 신성하게 망하는 것이요,

백성들이 서로 싸우다 적에게 항복하면 더럽게 망하는 것이라네."

"선생님, 그렇다면 나라를 망하게 하지 않을 방도는 없습니까?"

"망할 때 망하더라도 백성들 모두가 힘을 합쳐 죽도록 싸워 봐야지."

"그럼 저 같은 사람은 당장 무엇을 해야 하겠습니까?"

"왜놈에게 맞서 우리는 청나라와 손을 잡아야 하네. 기회가 오면 자네는 청나라로 가서 잘 살펴보고 오게. 앞으로 뭘 해야 할지 큰 도움을 얻을 것이야."

"명심하겠습니다."

김창수는 이제 뭔가 알 것도 같았다.

'지금 내가 해야 할 일은 나라를 구하기 위해 온 마음과 몸을 바치는 것이로구나.'

김창수는 비로소 자기가 걸어가야 할 인생의 길을 찾은 것만 같았다.

2장

시대의 어둠 속에서

사형수

"한 오십 리는 족히 넘게 걸은 것 같은데, 사람도 집도 구경하기가 어렵구먼."

"휴우……. 여기서 잠시 쉬어 가세."

김창수와 김형진은 이쪽 절벽에서 건너편 절벽까지 쓰러진 나무 위로 올라섰다. 그 나무는 어른 서너 명이 두 팔을 벌려 손을 맞잡을 수 있을 만큼 굵었다. 사방은 그만큼 굵은 나무들이 빽빽이 들어차 있었다. 고개를 들어도 무성한 나무들 때문에 하늘이 잘 보이지 않았다. 두 사람은 쓰러진 나무를 타고 건너편 절벽으로 건너갔다.

먼저 건너편으로 내려선 김창수가 손으로 이마의 땀을 훔치며 바위에 걸터앉았다. 뒤따르던 김형진은 가쁜 숨을 몰아쉬며 풀 위로 벌렁 드러누웠다. 두 사람의 차림새는 방물장수처럼 보였다. 실제로 두 사람이 짊어진 봇짐에는 참빗과 분, 손거울, 먹 같은 것들이 들어 있었다. 평양에서 마련하여 짊어진 봇짐은 꽤 무거웠는데 먼 길을 오면서 훌쩍 줄어들었다.

"백두산을 코앞에 두고 그냥 지나치려니 너무 섭섭하군."

김창수가 드러누운 김형진을 보며 한마디 했다.

"백두산 가는 길에 중국 마적들이 깔려 있다는데 어쩌겠나. 지나가는 사람을 무작정 총으로 쏘아 죽이고 물건을 털어 간다지 않는가."

"아쉽지만 어쩔 수 없지. 그럼 곧장 만주로 들어가세."

김형진이 고개를 끄덕이며 대꾸했다. 김창수는 그제야 바위 위로 드러누웠다. 한 달 전 황해도 청계동을 떠나던 때가 꿈결처럼 떠올랐다.

김창수는 고능선의 당부대로 청나라로 갈 기회를 엿보고 있었다. 그러던 어느 날 방물장수 행색을 한 김형진이라는 사람이 청계동으로 들어왔다. 김형진은 전라도 남원 사람인데, 방물을 팔며 전국을 떠돌아다니는 중이라고 했다.

김창수는 김형진을 하룻밤 재워 주기로 했다. 두 사람은 밤새 이야기를 나누다 서로 마음이 통하게 되었다. 김형진은 자기 신분을 솔직하게 밝혔다. 그는 방물장수가 아니라 동학군에 참여한 뒤 정처 없이 떠돌고 있는 사람이었다. 그는 나라를 위해 할 일을 찾고 있다고 했다. 김창수도 너무나 반가워 자기 생각을 털어놓았다.

"그렇다면 우리 청나라로 갑시다. 그곳에서 나라를 구할 길을 찾아봅시다."

"좋습니다."

두 사람은 며칠 뒤 청계동을 함께 떠났다. 김창수는 집에서 타던 말을 팔아 이백 냥을 마련했다. 둘은 먼저 평양으로 가서 방물장수처럼 꾸미고 빗이나 붓을 팔며 길을 나섰다.

"우리 만주로 바로 갈 게 아니라 조금 시간이 걸리더라도 동쪽으로 돌아 백두산을 보고 갑시다."

김창수는 이번 기회에 백두산에 가보고 싶었다. 조선의 산천과 동포들이 살아가는 모습도 보고 싶었다. 김형진이 찬성하여 두 사람은 동해안 쪽으로 돌아 백두산으로 향했다.

그들은 평양에서 함경도로 넘어가 함흥, 홍원, 북청, 단천을 거쳐 갑산, 혜산, 삼수를 지났다. 그들은 산천을 구경하며 가난하지만 순박한 사람들을 만났다. 어느 동네나 두 사람을 반기며 밥을 대접하고 잠자리를 마련해 주었다. 김창수는 아름다운 자연과 인정뿐만 아니라 조상들이 남긴 문화유산과 지혜를 보았다.

'이런 나라를 남에게 빼앗길 수는 없다. 반드시 우리 손으로 지켜 후손들이 평화롭게 살 수 있게 해야 해.'

중국 땅이 가까워질수록 조선 땅과 동포들에 대한 사랑이 깊어 졌다. 김창수는 백두산을 보지 못하는 서운함을 뒤로하고 만주로 들어섰다. 만주에도 동포들이 많이 살았다. 먹고살기 힘들거나 난리를 피해 고향을 떠나온 사람들이 많았다.

만주의 동포들은 고국보다 훨씬 힘들게 살아가고 있었다. 동포들은 돌밭을 개간하여 감자를 심고 옥수수를 길렀다. 그런 어려움 속에서 동포들은 중국인들에게 억눌림까지 받았다. 하지만 고국에 대한 사랑과 인심을 잃지 않고 있었다. 그들은 김창수를 서로 자기 집에 손님으로 맞아들여 대접하려 했다.

김창수는 만주를 둘러보며 일본과 싸울 방도를 찾아볼 계획이었 다. 어떤 세력과 힘을 합치고 어떤 곳에 싸움의 거점을 마련할 수 있을지 알아볼 참이었다. 그러던 중 그는 고국에서 전해 온 놀라운 소식을 들었다.

"지난 시월에 중전마마가 왜놈들한테 죽임을 당했다오. 이른 아침 왜놈 깡패들이 궁중으로 들이닥쳐 중전마마를 해치고 주검을 불태웠다오."

"저런 죽일 놈들……."

놀라서 말이 이어지지 않았다.

'국모가 한낱 깡패 무리에게 죽임을 당할 만큼 나라가 약하구나. 슬프고 부끄럽다. 이 원수를 갚지 않고 내가 어찌 조선 사람이라 하

겠는가.'

김창수는 중국 땅을 천천히 살펴보려던 마음을 고쳐먹었다. 그는 의병대가 있다는 압록강 바로 북쪽의 삼도구로 발길을 재촉했다. 거기 가면 의병이 되어 일본군과 싸울 기회가 생길지도 모른다는 기대가 생겼다.

의병대장 김이언은 힘과 자신감이 넘치는 사람이었다. 그러나 성격이 급하고 마음이 좁은 사람 같았다. 그래도 김이언을 따르는 의병들이 적지 않았다. 김창수와 김형진은 기꺼이 의병에 참가했다.

북쪽 지방의 겨울은 빨리 찾아왔다. 11월로 접어들자 압록강이 꽁꽁 얼어붙었다. 김이언은 압록강을 건너 강계성부터 점령하기로 했다. 김창수는 거센 바람을 뚫고 분주히 오가며 싸움을 준비했다. 그러다 언강물에 빠져 죽을 고비를 넘기기도 했다. 드디어 싸움을 앞두고 김창수는 김이언에게 작전 계획을 물어보았다.

"대장님, 강계성을 뚫고 들어갈 좋은 방도라도 있습니까? 그곳엔 왜군이 적지 않은데요."

"방도는 무슨. 일단 우리가 강계로 진격하면 성안의 관군이 우릴 반길 것이네."

김창수는 깜짝 놀랐다.

"관군은 믿을 수 없으니 조심해야 합니다. 그런데 청나라에서는 우리를 돕습니까?"

"우리 힘으로 원수를 갚아야 하오. 걱정 말고 나만 따르시오."

김이언은 도무지 남의 말을 들으려 하지 않았다. 구체적인 계획도 없이 무작정 진격을 한다는 것도 이해가 가지 않았다. 김창수는 크게 실망했다. 하지만 이제 와서 비겁하게 물러설 수도 없었다.

다음 날, 김이언 부대는 어둠을 뚫고 압록강을 건넜다. 의병들은 강계성을 향해 달렸다. 성을 십 리쯤 남겨둔 곳에 이르렀을 때였다. 소나무가 우거진 산길로 접어드는데 양쪽 숲속에서 화승총 불빛이 반짝거렸다. 뒤이어 요란한 총소리가 울리며 총탄이 빗발처럼 쏟아졌다.

"기습이다!"

"으윽!"

"히히힝!"

갑자기 공격을 받은 의병들은 우왕좌왕하며 어쩔 줄을 몰랐다. 말들은 놀라서 길길이 날뛰었다. 사람과 말이 뒤엉키며 나뒹굴었다. 말들은 어지럽게 흩어지고 의병들은 쓰러진 사람을 밟으며 도망쳤다. 김창수와 김형진은 숲속으로 피해 겨우 살아났다.

"이번 싸움으로 김이언 부대는 끝장났네. 우리는 뒷날을 위해 집으로 돌아가는 게 좋겠네."

김창수는 서둘러 청계동으로 돌아가는 길에 올랐다.

'정녕 우리의 힘으로는 왜놈을 이 땅에서 몰아낼 수 없는 것인가.'

산을 넘고 강을 건너며 김창수는 깊은 시름에 잠겼다. 일본에 대한 원수를 갚을 수만 있다면 무슨 일이든 하고 싶었다. 만주로 떠날 때와는 달리 그의 마음속엔 울분과 절망만 가득했다.

김창수가 우울한 마음으로 청계동에 도착하니 뜻밖의 일이 기다리고 있었다. 김창수가 집을 비운 사이 스승 고능선과 아버지 김순영이 사돈을 맺기로 했다는 것이다. 그렇게 고능선의 손녀와 김창수 사이에 결혼이 준비되고 있었다.

양반과 상놈의 혼인이 이루어질 수 없던 시절이었다. 김창수는 고능선이 얼마나 자기를 아끼는지를 알 수 있었다. 마침 김창수는 고능선의 손녀를 좋게 여기고 있던 참이었다. 그런데 좋은 일에 액이 끼어들었다. 아주 오래전에 아버지는 함지박 장수이던 친구와 술을 마시다 사돈을 맺기로 약속한 일이 있었다. 그 함지박 장수가 김창수의 혼인 소식을 듣고 고능선을 찾아왔다.

"내 딸과 김창수는 어릴 때 혼인을 약속했소. 그러니 누가 죽든 한 사람은 죽어야겠소."

함지박 장수는 칼을 내놓고 협박했다. 함지박 장수는 벌써 다른 집에서 돈을 받고 딸을 시집보내려던 참이었다. 그런데도 그는 괜히 심술이 나고 돈이나 생길까 해서 훼방을 놓은 것이다. 하지만 그 일로 혼인은 어그러지고 말았다. 고능선은 실망하여 어쩔 줄 몰랐다.

"내가 아들마저 병으로 먼저 떠나보내고 너에게 의지하려 했는데 어쩔 수 없구나."

"선생님, 제가 손자사위가 되려고 선생님을 따른 게 아닙니다. 결혼을 하지 못하더라도 선생님의 가르침은 죽을 때까지 따르겠습니다."

김창수도 무척 서운했지만 오히려 스승을 위로했다.

"너의 마음만은 잘 알겠다."

고능선은 크게 아쉬워하며 혼인을 없었던 일로 했다. 그런데 엎친 데 덮친 격으로 또 한 가지 일이 어긋났다. 고능선과 안태훈의 사이가 틀어진 것이다.

그때 조정에서는 백성들에게 상투를 자르고 서양식 머리 모양으로 바꾸라는 단발령을 내렸다. 많은 백성들은 부모에게 물려받은 머리카락을 자를 수 없다고 반발했다. 고능선 같이 옛 학문을 하는 선비들은 더욱 분개했다. 고능선은 당장 안태훈을 찾아갔다.

"안 진사, 지난번 국모가 돌아가신 일이나 이번 단발령이나 더 이상 두고 볼 수 없소. 지금 당장 썩은 조정과 왜놈들을 몰아내기 위해 의병을 일으킵시다."

하지만 안태훈의 생각은 달랐다.

"세상이 변하고 있어요. 우리도 서양 문물을 받아들여 일본처럼 힘을 길러야 합니다. 마음만 앞세우다가는 실패만 할 뿐입니다. 저는 천주교 신자가 되려 합니다."

"좋소. 그러면 우리 사이는 오늘로 끝장이오. 나는 목이 잘리더라도 상투를 자를 수 없소."

옛날 생각이 뿌리 깊이 박힌 고능선은 안태훈을 이해할 수 없었다. 며칠 뒤 고능선은 가족을 이끌고 본래 살던 고향인 해주의 비동으로 돌아가 버렸다. 고능선을 떠나보내며 김창수도 울분을 참을 수 없었다.

'안태훈은 의리 없는 사람이다. 만주로 가서 왜놈들과 싸울 기회나 찾아봐야겠다.'

김창수는 가족을 텃골로 보내고 만주를 향해 길을 나섰다. 그는 평양을 지나며 남쪽의 여러 고장에서 의병들이 들고일어난다는 소문을 들었다.

'그렇다면 일단 남쪽으로 내려가 보자.'

김창수는 마음을 바꿔 남쪽으로 향했다. 평양에서 용강을 지나 대동강을 건넜다. 그는 대동강을 건너며 빙산에 갇혀 죽을 고비를 겪기도 하였다. 그다음 날 아침 그는 치하포의 여관에서 조선 사람으로 변장한 일본군 장교 쓰치다를 만났다. 그 순간 그는 일본에 대한 증오와 복수심에 불타올랐다. 그는 쓰치다를 처단하고 곧장 고향으로 돌아와 아버지에게 자기가 한 일을 털어놓았다.

"어서 몸을 피해라. 이대로 있다간 무사하지 못해."

"저는 나라의 수치를 씻기 위해 왜놈을 벌한 것이니 아무 두려움도 없습니다."

김순영은 아들의 생각이 굳은 것을 알고 더 이상 말이 없었다. 김창수는 아무런 일도 없었다는 듯 평소처럼 지냈다. 책을 읽거나 집안일을 도왔다. 그렇게 석 달쯤 지난 1896년 5월, 쇠몽둥이를 든 사령들이 그의 집으로 들이닥쳤다.

"죄인 김창수는 오라를 받아라!"

김창수는 기다리고 있었다는 듯 순순히 오랏줄에 묶였다. 그는 해주 관아로 끌려가 옥에 갇혔다. 그의 목에 큰 칼이 씌워졌다. 그는 해주에서 두 달간 갇혀 있다가 7월에 조사와 재판을 받으러 인천 감리서로 압송되었다.

오랏줄에 묶여 끌려가는 김창수를 어머니 곽낙원이 뒤따랐다. 어머니는 아들 걱정에 넋이 나가 있었다. 김창수는 당당했지만 어머니를 볼 때마다 마음이 저렸다. 그는 나진포에서 배에 올랐다. 사령들이 지쳐 잠든 틈에 어머니가 그에게 다가왔다. 어머니는 눈물이 그렁그렁한 채 그의 손을 잡아끌었다.

"애야, 왜놈 손에 죽을 테면 차라리 나와 함께 바다에 빠져 죽자꾸나."

"이러시면 안 됩니다. 나라의 원수를 갚은 저의 마음을 하늘이 알고 도울 겁니다."

"그 말을 믿어도 좋으냐? 네가 죽는 날 나와 아버지도 함께 죽겠다."

"저는 결코 죽지 않습니다."

"하늘이 너를 살려 준다면 오죽이나 좋을꼬."

어머니는 허공을 향해 손을 비비며 기도했다. 김창수는 어머니의 가냘픈 어깨를 붙들어 주었다. 저도 모르게 뜨거운 눈물이 흘러내렸다. 인천에서 김창수는 감옥으로, 어머니는 남의 집 일꾼으로 들어갔다. 어머니는 주인집에서 밥을 얻어 감옥으로 넣어 주었다.

죄수들로 가득 찬 감옥 안은 더위와 더러운 냄새로 숨이 막힐 지경이었다. 그 생지옥에서 김창수는 장티푸스라는 전염병에 걸리고 말았다. 온몸에서 열이 나고 지독한 설사를 하면서 머리가 깨질 듯이 아팠다. 도무지 정신을 차릴 수가 없었다.

'이렇게 살아서 뭐하나. 차라리 죽어 고통에서 벗어나자.'

김창수는 사람들이 잠든 틈에 허리띠를 풀어 자기 목을 졸라맸다. 그는 어느 순간 고향에 와 있었다. 고향 집 마당에는 따사로운 햇살과 시원한 바람이 불었다. 그는 친척 동생과 함께 마당에서 깔깔거리며 뛰어놀았다. 그런데 어디선가 고함치는 소리와 어지러운 발소리가 아련하게 들려 왔다.

"김창수, 정신 차리시오!"

누군가 그의 몸을 거세게 흔들었다. 김창수는 번쩍 눈을 떴다.

"이제 정신이 납니까?"

한 방에 있던 죄수의 얼굴이 눈앞에 어른거렸다. 김창수는 그제야 자기가 죽지 않고 살아났음을 알았다. 그 순간 인천으로 오는 배 위에서 함께 죽자고 하던 어머니의 모습이 떠올랐다.

'내가 병이 들어 마음이 약해졌구나.'

김창수는 이를 악물었다. 마음을 굳게 먹은 덕분인지 차츰 건강이 회복되었다. 얼마 뒤 그는 병에서 다 벗어나지 못한 몸으로 첫 신문을 받았다. 간수가 그를 신문하는 곳까지 업고 갔다. 그곳에는 죄수를 때리고 고문하는 물건들이 널려 있었다.

김윤정이라는 신문관이 간수에게 업혀 온 김창수를 보더니 혀를 끌끌 찼다. 김창수 옆에는 와타나베라는 일본 순사가 신문하는 광경을 감시하고 있었다. 김윤정이 입을 열었다.

"죄수 김창수는 묻는 말에 대답할 수 있겠느냐?"

"내 정신은 멀쩡하오. 목이 마르니 물이나 한 그릇 주시오"

김윤정이 간수에게 턱짓을 했다. 김창수는 간수가 건네는 물 한 사발을 순식간에 들이켰다. 그것을 보고 김윤정이 다시 묻기 시작했다.

"너는 지난 3월 8일 치하포에서 돈을 빼앗으려고 일본인을 죽인 일이 있지?"

"아니오."

"그럼 네가 일본인을 죽이지 않았단 말이냐?"

"나는 도적질을 한 적이 없소. 나는 국모의 원수를 갚으려고 왜적을 처단했을 따름이오."

그 대답에 김윤정과 관리들이 의아한 눈빛으로 서로를 쳐다보았다. 그들은 일본 경찰의 말만 듣고 김창수를 살인강도로 알고 있었다. 그들은 김창수가 예사 강도가 아님을 알고 놀란 것이다. 와타나베가 무슨 일인가 하고 눈을 껌벅거리며 통역하는 사람을 찾았다. 그 순간 김창수가 와타나베를 향해 버럭 고함을 질렀다.

"개만도 못한 왜놈은 들어라! 내가 죽으면 귀신이 되어서라도 너희 왕과 왜놈을 모조리 죽여 나라의 치욕을 씻을 것이다!"

김창수는 눈을 부릅뜨며 와타나베를 호령했다. 와타나베는 너무 놀라서 대청 뒤쪽으로 도망쳐 숨었다. 이 소란을 듣고 감리서 책임자인 이재정이 들어왔다. 그곳에 있던 조선 사람들의 태도가 달라졌다. 누가 시키지도 않았는데 간수가 뜨거운 찻물을 가져와 김창수에게 건넸다. 그는 이재정에게 한 치의 흐트러짐도 없이 말했다.

"나는 상놈이지만 수치를 당한 나라의 원수를 갚으려고 왜놈을 죽였소. 당신들은 국모가 죽어 상복을 입고 있으면서도 부끄럽지 않소? 당신들은 나라 재산을 도적질하는 더러운 마음으로 임금을 섬기시오?"

이재정과 관리들의 얼굴이 벌겋게 달아올랐다. 이재정은 쩔쩔매면서 대꾸했다.

"그대의 나라 사랑과 용기가 존경스럽소. 사건을 조정에 잘 보고할 테니 부디 사실만 말해 주시오. 몸이 아픈 것 같으니 오늘은 그만 쉬도록 하시오."

김창수는 감옥으로 돌아왔다. 그의 재판 소식이 골골로 퍼져나갔다. 사람들은 그를 칭송하느라 혀가 모자랄 지경이었다. 재판관 김윤정은 그의 어머니에게 돈 150냥을 보내 주었다. 그 돈으로 김창수에게 보약을 먹이라는 것이었다.

다음 날부터 감옥 앞에는 김창수를 보겠다고 찾아온 사람들이 줄을 섰다. 사람들은 음식을 가져오거나 돈을 넣어 주었다. 김창수는 음식을 죄수들에게 나누어 주었다. 그가 재판을 받으러 감옥을 나서는 날에는 사람들이 구름처럼 몰려들었다. 그는 사람들에게 들으라는 듯이 소리쳤다.

"지금 왜놈들은 조선을 통째로 삼키려 합니다. 우리 백성과 아들딸들이 왜놈 손에 다 죽게 될 참이오. 그러니 이제부터 누구라도 나를 따라 왜놈을 보는 대로 죽입시다!"

사람들은 그의 말을 들으며 숙연해졌다. 새로 신문을 맡은 이재정은 김창수가 말하는 대로만 받아 적었다. 그렇게 신문이 끝났고 조정의 판결만 남았다. 그해 가을, 김창수를 교수형에 처한다는 판결이 떨어졌다. 그 소식을 듣고 사람들이 다시 그를 만나러 왔다.

사람들은 그의 손을 잡으며 눈물을 흘렸다.

"그대처럼 충성스러운 사람에게 교수형이라니 하늘이 원망스럽소."

"저는 벌써 예상했던 터라 아무렇지도 않습니다."

김창수는 오히려 사람들을 달래서 보내고 조용히 책만 읽었다. 어머니 곽낙원도 평소처럼 담담했다. 어머니는 아침마다 음식을 넣어 주며 그를 말없이 바라보곤 했다. 어머니는 그의 교수형 소식을 모르고 있었던 것이다. 사람들이 일부러 전해주지 않은 까닭이었다. 그는 어머니를 보면 가슴이 찢어지는 것 같았다.

'아아, 어머니는 여전히 하늘이 날 도울 거라고 믿고 계시는구나.'

조국의 산하를 방랑하다

사형을 집행하는 날이 밝았다. 사형 집행은 언제나 점심을 먹고 난 늦은 오후에 있었다. 죄수들은 아침부터 김창수를 보며 안절부절못했다. 하지만 그는 책을 읽으며 말없이 앉아 있었다. 점심나절이 지나자 죄수들이 김창수 곁으로 와서 어쩔 줄 몰라 했다. 그의 손을 잡으며 우는 사람도 있고, 한숨만 내쉬는 사람도 있었다.

김창수는 판결을 기다리는 동안 차분하게 독서에 몰두했다. 아버지가 그를 찾아와 중국의 고전 《대학》을 넣어 주었다. 그는 매일 아침 일어나면 그 책을 되풀이하며 읽었다. 그러던 어느 날 감리서의 관리 한 사람이 그를 찾아왔다.

"신문하는 동안 당신을 보고 감명을 받았소. 당신은 진정한 애국

자요. 당신을 존경하는 마음으로 선물을 드리고 싶소."

관리는 김창수 앞에 보따리 하나를 내놓았다. 김창수는 또 음식이겠거니 하고 그저 바라보고만 있었다. 그런데 관리가 보따리를 풀어헤치자 책들이 쏟아져 나왔다.

"이 책들은 뭡니까?"

한참 독서에 재미를 붙이고 있던 김창수가 바싹 다가앉았다. 관리는 그의 질문에 대답하지 않고 되물었다.

"당신은 진정으로 나라를 구할 생각이 있으시오?"

"그게 무슨 말씀이신지……."

김창수는 갑작스러운 질문에 어리둥절했다. 관리는 그의 대답을 기다리지 않고 말을 이었다.

"옛날 지식이나 생각만 고집해서는 나라를 구할 수 없소. 이제는 세계의 정치와 경제, 문화, 교육, 도덕을 두루 알아야 하오. 우리 것이 남만 못하면 남의 것을 받아들일 줄 알아야 진짜 애국을 할 수 있소. 김 형 같은 사람은 새로운 지식을 공부하여 앞날 나라를 위해 큰일을 해야 하오. 부디 이 책들을 부지런히 읽어 보길 부탁하오."

김창수는 이 말을 듣고 그 관리가 자신을 진심으로 아끼는 사람임을 알아보았다. 지금까지 그를 동정하며 음식을 넣어 주고 울어 준 사람은 많았다. 하지만 이 관리처럼 그의 앞날과 나라의 앞날을 위해 도움을 주려는 사람은 없었다.

"정말 고마운 말씀입니다. 열심히 공부해 보겠습니다."

김창수는 관리에게 마음에서 우러나오는 인사를 했다. 관리가 돌아간 뒤 그는 책들을 살펴보았다. 세계 역사와 지리, 문화에 대한 책들이었다. 모두 처음 접하는 것이었다. 책 속에는 놀라운 세계가 들어 있었다. 한 쪽 한 쪽 넘길 때마다 새롭고 드넓은 세상이 펼쳐졌다.

'세상은 이토록 넓고 놀라운데 그동안 나는 우물 안에만 갇혀 있었구나. 우리가 상투를 틀고 중국의 글이나 외고 있을 때 서양은 경제와 문화를 이토록 발전시켜 놓았구나.'

김창수는 자기가 얼마나 좁은 지식과 생각에 사로잡혀 있었는지를 깨달았다. 오랑캐라고 여기던 나라들이 훌륭한 제도와 산업을 발전시키고, 문화를 가꾸고 있었다. 청계동에서 스승과 안태훈 진사가 싸우던 일이 떠올랐다. 그때 그는 자신의 스승만 옳다고 생각했다. 그런데 안태훈처럼 새로운 지식을 배우는 게 옳은 자세가 아닐까 여겨졌다.

'스승님의 올곧은 정신은 배워야 마땅하다. 그러나 나라의 제도와 문화는 진전된 나라에서 배워 우리에게 맞도록 받아들이는 게 옳아. 그게 나라와 백성을 위하는 길이야.'

김창수는 지독하게 공부에 열중하는 사람이 되었다. 그는 자기 공부만 한 게 아니고 글을 모르는 죄수들도 가르쳤다. 감옥에는 살

인자, 강도, 사기꾼 같은 죄수들이 백여 명이 넘게 있었다. 죄수들 열 사람 가운데 아홉은 글을 몰랐다. 김창수는 그들을 위해 글공부도 시키고, 그들의 억울함을 밝혀 주는 글도 써주었다.

김창수가 감옥 안에서 한 일들은 널리 알려져 신문에도 보도되었다. 신문에서는 김창수가 인천 감옥에 들어간 뒤로 그곳은 학교가 되었다고 칭송했다. 그는 인천 감옥 죄수들의 선생이었고 친구였다.

마지막 날은 시간이 더디게 갔다. 하지만 해가 질 때까지 아무런 일도 일어나지 않았다.

'오늘은 사형 집행이 늦을 모양이구나.'

김창수는 이렇게 생각하며 절로 쓴웃음을 지었다. 마치 자신이 죽음을 기다리기라도 하는 것처럼 느껴졌기 때문이다. 그는 눈을 감고 앉아 있었다. 초저녁이 되어 사람들의 발소리가 들려왔다. 곧 옥문을 여는 소리가 났다.

'마침내 때가 왔구나!'

김창수는 감고 있던 눈을 번쩍 떴다. 그의 앞에는 침울한 표정을 한 관리들과 간수들의 얼굴이 나타났다. 그들은 자기 손으로 김창수를 죽여야 한다는 생각에 온종일 괴로움에 떨다 밤이 되어서야 힘겨운 발걸음을 뗐다.

"내 발로 걸어가겠소."

김창수는 천천히 몸을 일으켰다. 그때 누군가 감방 밖에서 다급하게 소리치며 달려왔다.

"멈추시오! 김창수는 살았소!"

"그게 무슨 소리요?"

김창수를 끌고 가려던 관리들이 되물었다. 달려온 사람은 가쁜 숨을 몰아쉬며 대답했다.

"지금 막 김창수의 사형 집행을 정지하라는 상감마마의 명령이 도착했소. 이재정 영감께서 전보를 보시고 너무나 기뻐하며 나를 보냈소."

"와아!"

감방의 죄수들이 벌떡 일어나 함성을 지르고 만세를 불렀다. 기뻐서 펄쩍펄쩍 뛰는 사람도 있고, 덩실덩실 춤을 추는 사람도 있었다. 감방은 잔칫집처럼 소란스러웠다.

"상감마마께서 김창수의 애국심을 알아주신 게야."

"그럼, 그럼. 저런 의로운 사람에게 상을 내리지는 못할망정 어찌 죽일 수 있단 말이오."

"김창수는 하늘이 내린 사람이야. 이렇게 될 줄 알고 하루 종일 태평하게 있었던 게지."

사람들은 밤이 깊도록 이야기꽃을 피웠다.

어느덧 가을이 가고 겨울로 접어들었다. 그리고 1897년의 새해가 밝았다. 김창수는 여전히 공부에 열중하며 죄수들을 가르쳤다. 그사이에도 많은 사람들이 그를 찾아와 축하해 주었다. 그 가운데 강화도에 사는 김주경이라는 사람이 있었다. 노름으로 큰돈을 모은 김주경은 김창수의 이야기를 전해 듣고 자기 돈을 보람 있는 일에 쓰고 싶어 했다.

"당신은 조선 사람의 자존심을 지켰소. 내가 가진 것을 다 바쳐서라도 당신을 구하고 싶소."

"말이라도 고맙습니다."

"아니오. 나는 당신을 알게 된 다음부터 인생을 새롭게 살고 싶은 마음이 들었소."

과연 김주경은 얼마 후 김창수의 어머니와 함께 서울로 올라갔다. 그는 법무 대신을 비롯하여 벼슬아치들을 찾아다니며 돈을 쓰고 김창수의 석방을 부탁했다. 하지만 일본을 두려워하여 누구 하나 선뜻 나서는 사람이 없었다. 김주경은 그러다 가진 돈을 전부 날려 버렸다.

'이 나라는 썩을 대로 썩었다. 차라리 이 나라를 떠나겠다.'

빈털터리가 된 김주경은 러시아로 가기로 마음먹고 김창수에게 편지를 보냈다. 그는 편지 끝에 시 한 구절을 적어 놓았다.

조롱을 박차고 나가야 정말 좋은 새이고,

그물을 떨치고 나가야 제대로 된 물고기로다.

김창수는 자기 때문에 재산을 잃은 김주경에게 너무나 미안했다. 그는 김주경이 써 보낸 시 구절을 읽으며 깊은 생각에 사로잡혔다.

'감옥에 갇힌 지도 벌써 2년이 되어 간다. 언제까지 이대로 지내야 하는 걸까? 내가 이렇게 감옥에서 죽는다면 왜놈들만 즐겁게 하는 일이 아닐까?'

김창수는 마침내 탈옥을 결심했다. 그는 면회를 온 아버지에게 쇠꼬챙이를 넣어 달라고 부탁했다. 아버지는 옷 속에 쇠꼬챙이를 숨겨 넣어 주었다. 그는 밥을 가져온 어머니에게도 당부했다.

"어머니, 아버지와 함께 서둘러 고향으로 돌아가십시오."

어머니는 아들이 뭔가 일을 꾸미는 줄 알아채고 고개를 끄덕였다. 김창수는 곧 자기를 따르는 죄수 넷과 탈옥을 의논했다. 그는 돈이 많은 죄수에게 이백 냥을 얻은 뒤 간수를 불렀다.

"오늘 밤 사람들에게 음식과 술을 대접하고 싶소. 당신에게도 따로 돈을 좀 마련했소."

간수는 입이 헤벌어지며 선뜻 허락했다. 그날 밤 죄수들은 쌀밥과 고깃국을 보자 환호성을 질렀다. 모두 마음껏 술을 마시며 기분 좋게 취했다. 죄수들은 한방에 모여 노래를 불렀고, 마침내 간수는 쓰러져 잠들었다.

그 틈을 타서 김창수는 빈 감방 마룻장을 뜯고 쇠꼬챙이로 바닥에 구멍을 팠다. 김창수와 네 명의 죄수는 마루 아래로 빠져나와 담 아래 이르렀다. 김창수는 밧줄을 담 밖으로 던져 한 사람씩 내보냈다. 그런데 그가 혼자 남았을 때 담 밖에서 요란한 호각 소리가 울렸다.

"저놈들 잡아라!"

곧 쫓고 쫓기는 어지러운 발소리가 울렸다. 김창수는 어찌해야 좋을지 망설였다.

'어쩔 수 없다. 죽으나 사나 여기서 빠져나가고 보자.'

김창수는 눈에 띄는 긴 막대기를 들어 땅을 짚고 솟구쳐 올랐다. 그는 단번에 담 위로 올라서서 밖으로 뛰어내렸다. 먼저 나간 네 죄수와 그들을 쫓는 순검들은 이미 보이지 않았다. 그는 짙은 어둠 속으로 몸을 숨겼다.

김창수는 밤새 길을 헤매고 다니며 아는 사람을 한 사람씩 떠올렸다. 그런데 아는 사람을 찾아가면 순검들에게 잡힐 것 같았다. 그는 궁리 끝에 서울 사람 진 씨를 떠올렸다. 진 씨는 궁궐을 지키는 관리였는데 죄를 짓고 감옥에 들어왔다가 그와 친해졌다. 진 씨라면 자기를 도와줄 것 같았다. 그는 서울로 가기로 결심했다.

날이 밝자 김창수는 큰길을 피해 사람들에게 물어물어 서울로 향했다. 사방에는 순검들과 간수들이 깔려 있었다. 그는 아무 집에

나 들어가 밥을 얻어먹고 빈 방앗간에서 볏짚을 덮고 잤다. 3월 중순은 아직도 추웠다. 그의 머리는 제멋대로 헝클어지고 옷에는 흙이 잔뜩 묻어 있었다. 그래도 넓은 세상에 나온 그의 마음은 더없이 상쾌했다. 그는 감옥에서 배운 타령을 부르면서 길을 걸었다. 마침내 서울에 도착한 그는 궁궐로 진 씨를 찾아갔다.

"아니, 이게 누구요?"

진 씨는 버선발로 뛰쳐나와 그를 반겨 주었다. 진 씨는 그를 집으로 데려가 옷도 사다 입히고 귀한 손님으로 대접해 주었다. 김창수는 오랜만에 따뜻한 방에서 좋은 옷을 입고 쉴 수 있었다. 며칠이 꿈결처럼 흘러갔다.

'어차피 갈 데 없는 몸이니 이 기회에 남쪽 지방이나 구경해 볼까.'

김창수는 고향이 있는 북쪽보다는 남쪽 지방이 안전할 듯싶었다. 그는 결심이 서자 다음 날로 길을 떠났다. 진 씨가 아쉬워하며 노잣돈을 내놓았다.

김창수는 어디를 가나 감옥에서 함께 지내다 먼저 나간 사람들에게 환영을 받았다. 그들은 김창수를 의기 있는 대장부로 여겼다. 그는 경기도 오산을 거쳐 충청도 아산과 강경으로, 다시 전라도 무주, 남원, 전주로 떠돌아다녔다.

전주에서 김창수는 뜻밖의 소식을 알게 되었다. 전주 장터를 기웃거리다 옛 친구 김형진을 꼭 빼닮은 사람과 마주쳤다.

"이보시오. 당신 혹 김형진의 형제 아니오?"

"어, 어떻게 아셨습니까?"

"나는 황해도 사는 김창수요. 김형진과는 청나라를 오가며 형제처럼 지냈소."

"아이고, 세상에 이런 일이. 제 형님은 열아흐레 전에 돌아가셨습니다. 가시기 전에 김창수 형님을 무척 보고 싶어 하셨는데……."

김형진의 동생이 그를 붙들고 흐느꼈다.

"김형진이 죽다니. 내가 조금만 일찍 왔더라면 얼굴이라도 봤을 텐데……."

김창수는 하늘이 노래지는 듯했다. 그는 김형진의 집으로 가서 영전에 큰절을 올렸다. 그 모습을 보고 김형진의 늙은 어머니와 부인이 통곡을 하며 울었다. 김형진의 죽음은 그에게 너무나 큰 충격이었다.

'사람 목숨이란 참으로 허무하구나.'

김창수는 쓸쓸한 마음으로 전라도와 경상도를 떠돌아다녔다. 광주, 목포, 해남, 강진, 장흥, 보성, 화순, 순창, 그리고 하동으로 발길 닿는 대로 걸었다. 남쪽 지방도 북녘과 다를 바 없었다. 어딜 가나 인심이 좋고 산천이 아름다웠다. 그리고 어디서나 상놈은 양반의 천대를 받으며 가난하게 살아가고 있었다.

'나라가 망해 가는데 사람들은 아직도 낡은 생각과 제도에 사로

잡혀 있구나. 아아, 나는 앞으로 무엇을 어떻게 해야 할까.'

김창수의 마음은 친구를 잃은 슬픔과 나라의 앞날에 대한 근심으로 뒤죽박죽이었다. 그가 떠도는 사이 봄과 여름이 가고 가을이 왔다. 그해 늦가을, 그는 충청도 공주의 마곡사까지 흘러왔다. 온 산에 울긋불긋 단풍이 타올랐다. 절문으로 들어서는 그의 귓가로 종소리가 은은하게 들려왔다. 그는 저녁 안개에 휩싸인 절을 둘러보았다.

'악다구니로 살아가는 세상과 달리 이곳은 고요하고 맑구나.'

김창수는 절을 보며 마음이 평안해짐을 느꼈다. 마곡사에서 머물며 방랑으로 지친 몸과 마음을 달래고 싶었다. 그는 절에서 마주친 스님에게 부탁했다.

"저는 일찍이 고아가 되어 세상을 떠돌고 있습니다. 여기서 한동안 머물고 싶습니다."

"얼마든지 그렇게 하시지요."

스님은 기꺼이 김창수를 환영했다. 그렇게 절에서 지내는 동안 김창수는 여러 스님과 친해졌다. 스님들도 사람됨이 반듯하고 총명한 그를 좋아했다. 마곡사에는 보경대사라는 큰스님 아래 하은당이라는 상좌 스님이 있었다. 하루는 하은당이 그를 찾았다.

"당신은 오갈 데 없는 몸이라니 여기서 불자가 되면 어떻겠소?"

"하도 갑작스러운 말씀이니 생각할 시간을 좀 주십시오."

김창수는 이렇게 대답하고 말았다. 하지만 그때부터 그는 긴 생각에 잠겼다.

'이참에 중이 되어 세상을 잊고 마음을 닦으며 살아 보자.'

그는 이렇게 결심하고 하은당을 찾아갔다. 하은당은 기다렸다는 듯 기뻐하며 그를 맞았다.

얼마 뒤 김창수는 하은당과 스님들이 지켜보는 가운데 절 아래 냇가에서 삭발을 했다. 상투가 툭 떨어지자 그는 저도 모르게 눈물을 흘렸다. 그는 검은 장삼과 붉은 가사를 입고 대웅전으로 나가 부처에게 절을 올렸다. 하은당이 그에게 원종(圓宗)이라는 이름을 지어주었다.

김창수는 물 긷고 장작 패는 궂은일을 도맡으며 예불을 익히고 불경을 배웠다. 하은당은 무척 엄격해서 그가 조금만 실수를 저질러도 금세 불호령을 내렸다. 김창수는 묵묵히 견뎌 냈다. 그런데 다른 스님들은 그런 김창수를 부러워했다.

"지금껏 하은당 스님을 견뎌 내는 사람이 없었는데 원종은 참 용합니다."

"나이 많은 하은당 스님이 돌아가시면 원종이 많은 재산을 이어받겠군요."

김창수는 그런 소리가 하나도 귀에 들어오지 않았다. 그는 절의 재산 따위에 조금도 욕심이 없었다. 그는 몸과 마음을 닦는 일에만 열중했다. 어느덧 해가 바뀌고 봄이 왔다. 그는 누가 봐도 어엿한 승려가 되었다. 하지만 날이 갈수록 그의 마음은 평안해지지 않았다. 세상과 인연을 끊으려고 다짐했건만 온갖 잡생각으로 마음이 흔들렸다.

김창수가 탈옥하여 방랑하는 동안 나라에 변화가 생겼다. 그가 감옥에 있던 동안 조선이 대한제국으로 바뀌었다. 왕은 이제 황제가 되었다. 그러나 대한제국과 황제는 허울뿐이었다. 나랏일은 모두 일본의 간섭을 받았다. 일본의 힘은 갈수록 막강해지고 있었다.

'나라가 일본에 넘어가는 건 시간문제로구나. 부모님은 어떻게 지내실까. 스승님과 안태훈 진사도 안녕하실까.'

김창수는 세상에 대한 걱정과 사람들에 대한 그리움으로 시달렸다. 그는 견디다 못해 고향으로 돌아가기로 결심하고 큰스님 보경대사를 찾아갔다.

"저는 금강산에 가서 불경을 공부하고 싶습니다."

"듣던 중 옳은 생각이다. 그렇게 하여라."

보경대사는 선뜻 승낙했다. 하은당은 못마땅한 표정이었지만 큰스님의 허락이라 어쩌지 못했다. 그날로 김창수는 여비를 받아 서울로 올라왔다. 그는 서대문 밖 봉원사에서 묵으며 고향으로 돌아갈 기회를 엿보았다. 그곳에서 마침 평양으로 떠나는 혜정이라는 스님을 만났다. 그는 혜정을 따라 평양으로 가다가 해주 근처의 한

절에서 머무르게 되었다.

"혜정 스님, 가까운 텃골이 제 고향입니다. 저 대신 부모님께 소식이나 전해 주십시오."

김창수의 부탁에 혜정은 기꺼이 텃골로 갔다. 그런데 혜정이 돌아올 때 그의 부모가 따라왔다. 인천에서 헤어진 지 일 년이 넘어서야 세 식구가 만나게 된 것이다.

"창수야, 네가 살아 있었구나. 그런데 이게 무슨 꼴이냐."

어머니는 김창수를 붙들고 울음을 터트렸다.

"어머니, 그동안 어떻게 지내셨습니까?"

"말도 마라. 네가 탈옥한 뒤 아버지가 대신 붙들려가 석 달이나 감옥에 갇혀 있었다."

이 말을 듣고 김창수는 눈시울을 붉혔다. 그는 부모에게 큰절을 올렸다.

"이제부터 제가 부모님을 모시겠습니다."

김창수는 고향으로 가고 싶었지만 그럴 수는 없었다. 그는 안전해질 때까지 몸을 피하기로 하고 부모와 평양으로 갔다. 그는 평양에서 영천암이라는 작은 절을 맡아 방장이 되었다.

그는 이제 승려 생활에 더 이상 미련이 없었다. 승복을 입은 채 고기도 먹고 머리도 깎지 않았다. 학자들과 어울려 술을 마시고 시를 짓기도 했다. 사람들은 그를 보고 '걸시승'이라고 불렀다. 걸인처럼 하고 다니며 시를 짓는 중이라는 뜻이었다.

그해 가을이 되자 김창수는 비로소 절을 떠나기로 마음먹었다. 나라에서는 더 이상 그를 잡으려고 하지 않는 것 같았다. 그는 부모와 함께 고향으로 돌아갔다. 삼 년 반만의 귀향이었다.

교육자의 길

"이제 다른 생각일랑 버리고 고향에서 농사지으며 부모님을 편안히 모셔라."

작은아버지 김준영은 김창수를 나무라듯 타일렀다. 김창수는 말없이 듣기만 했다. 작은아버지의 말에 틀림이 없었다.

"내가 너에게 농사일을 가르쳐 주마."

작은아버지는 새벽마다 김창수를 찾아와 잠을 깨웠다. 그러고는 논으로 밭으로 데리고 다니며 일을 시켰다. 그는 한동안 작은아버지를 따라 농사일을 배웠다. 하지만 논에서 가래질을 하고 밭에서 김을 매면서도 마음은 자꾸만 다른 곳으로 내달렸다.

'스물다섯의 창창한 나이에 이대로 땅에 파묻혀 살 수는 없다.'

김창수는 작은아버지를 뿌리치고 집을 나섰다. 그는 예전 인천 감옥에서 자기를 구하려고 애썼던 김경득의 집을 찾아 강화도로 갔다. 러시아로 갔다는 김경득은 집에 없고 동생 김진경이 그를 맞아 주었다. 그는 거기서 김경득의 동지들을 만나 사귀며 여러 지방을 돌아다녔다.

이때 김창수는 쫓기는 죄수 신분을 감추려고 이름을 김구(金龜)로 바꾸었다. 그는 새 이름으로 새롭게 살고 싶기도 했다. 그는 여러 사람을 만나며 세상이 완전히 달라졌음을 깨달았다.

'낡은 생각이나 의병 활동으론 일본을 이길 수 없다. 우리도 새로운 생각과 제도를 발전시켜 강해져야 한다. 그러려면 교육부터 달라져야 해. 나부터 교육에 앞장서야겠다.'

김구는 고향으로 돌아가 국민 교육을 위해 일하기로 마음먹었다. 서울에서 해주로 가는 길에 그는 문득 옛 스승이 떠올랐다. 그는 해주 근처 비동에 사는 고능선을 찾아갔다.

"못난 제자가 선생님께 문안을 여쭙니다."

"네가 그간 겪었던 일은 다 전해 들었다. 얼마나 고생이 많았느냐."

고능선은 당당한 청년이 되어 돌아온 김구를 뿌듯한 눈길로 바라보았다. 두 사람은 지나온 일을 이야기하고 앞날에 대해 토론을 벌였다. 고능선은 여전히 옛날 생각을 지키고 있었다.

"청나라와 손을 잡고 왜놈과 싸워야 해. 지금 만주에서 유학자 유인석 선생이 공자 사당을 모시고 의병을 모으고 계시지. 너도 속히 선생을 찾아가도록 하여라."

"제 생각은 다릅니다. 우리가 배워야 할 곳은 청나라나 공자가 아닙니다. 우리는 서양의 발달한 문명과 제도를 배워 힘을 길러야 합니다."

"그새 못된 물이 단단히 들었구나. 공자와 임금의 법도가 아니라 서양 오랑캐를 따르자고?"

"공자를 따른다는 양반들이 나라를 망치고 백성들을 얼마나 괴롭혔습니까? 이제부터라도 백성에게 새로운 지식을 교육시켜 새 나라를 만들어 갈 힘을 모아야 합니다. 그것이 망해가는 나라를 구하는 길입니다."

"너는 왜놈을 따르는 무리와 똑같은 말을 하는구나."

밤이 깊도록 이야기를 나누어도 두 사람의 생각은 좁혀지지 않았다. 옛것을 따르는 고능선과 새로운 것을 찾으려는 김구 사이에는 큰 거리가 있었다.

김구는 하룻밤을 묵고 고능선에게 하직 인사를 올렸다. 스승과 헤어진 뒤 그는 묘한 기분에 사로잡혔다. 그는 자기가 해야 할 일이 좀 더 뚜렷해지는 느낌이 들었다. 하지만 스승과 영영 다른 길을 가야 한다는 게 슬펐다.

그런데 고향으로 돌아온 김구에게는 생각지도 못한 변고가 기다리고 있었다. 그가 사립문에 들어서자마자 어머니 곽낙원이 달려나왔다.

"아버지가 쓰러져 돌아가시게 되었는데 어찌하여 이제야 오느냐."

김구는 안방으로 뛰어 들어갔다. 아버지 김순영은 자리에 누워 일어나지도 못했다. 시름시름 앓던 아버지는 며칠 뒤 정신을 잃었다. 그는 효자들이 손가락을 베어 그 피로 병든 부모를 살렸다는 이야기를 떠올렸다. 그는 어머니 몰래 허벅지에서 살점을 떼어내 피를 받아 아버지의 입에 흘려 넣었다. 그래도 아무 소용없이 아버지는 세상을 떠나고 말았다.

"아아, 아버지……."

김구는 아버지의 영전에 엎드려 서러운 눈물을 흘렸다. 한평생을 상놈이라는 울분 속에서 살았고, 아들 때문에 말할 수 없는 고생을 겪은 아버지였다. 몹시 추운 바람이 불던 날, 김구는 아버지를 텃골의 산기슭에 묻었다.

아버지의 상을 치르는 삼 년 동안 김구는 고향 집을 지켰다. 그는 틈틈이 사람들을 만나며 새로운 교육을 위한 의견을 나누었다. 그는 황해도 문화에 사는 우종서를 찾아갔고, 장련에 사는 정의택과 오인형을 만났다. 그 사람들은 옛 학문을 공부한 양반이면서도 신학문을 받아들여 새로운 교육에 뜻이 있었다.

그중에 우종서는 김구가 동학군 시절에 함께 보냈던 사람이었다. 우종서는 이제 기독교를 전도하는 사람이 되어 있었다. 우종서는 김구에게 기독교를 믿어 보라고 권했다.

"기독교는 낡은 생각들을 버리고 새로운 교육을 하는 데 큰 힘이 될 것이오."

"저도 그렇게 생각합니다. 애국 사상을 가진 사람 중에 기독교인이 많더군요."

김구는 기독교 선교사들이 교회뿐만이 아니라 병원과 학교도 짓는 것을 자주 보았다. 기독교 학교들은 영어나 수학, 지리 같은 새로운 과목을 가르치고, 민족의식을 깨우치는 교육을 했다. 그는 기독교가 교육과 애국 운동에 힘쓰는 모습을 보고 주저 없이 기독교 신자가 되었다. 정의택과 오인형도 김구의 뜻과 계획을 크게 밀어주었다.

"하루빨리 장련으로 오시오. 우리 함께 학교를 만듭시다."

"아버님 탈상만 끝나면 언제든 나서겠습니다."

이렇게 김구가 교육자의 길을 준비하는 동안 결혼 이야기도 나왔다. 그의 나이는 어느덧 서른이 되어 가고 있었다. 그 시절엔 일찍 결혼하는 풍습이 있어서 김구는 이미 노총각이었다. 주위 사람들도 그에게 결혼을 권했다. 그럴 때마다 그는 이렇게 대답했다.

"저는 세 가지가 맞아야 결혼할 겁니다."

"못생긴 노총각이 뭔 요구가 그리 많소?"

"하하하…… 남들이야 뭐라 하건 저의 생각이 그렇습니다."

"그 세 가지가 뭔가 들어나 봅시다."

"우선 저와 결혼할 사람은 재산에 욕심이 있으면 안 됩니다. 그리고 배움이 있거나 배우려는 뜻이 있는 사람이면 좋겠습니다."

"마지막은 뭐요?"

"음……. 실은 이게 제일 중요합니다. 두 사람이 만나서 서로 마음이 맞아야겠지요."

"허허, 참 욕심도 많은 사람일세그려."

김구의 말에 사람들은 놀라기도 하고 웃기도 했다. 부모가 정한 사람과 무작정 결혼하던 시절에 그의 생각은 퍽 남달랐다. 그의 이런 생각을 잘 알고 있는 친척 할머니가 중매를 서겠다고 나섰다. 그는 친척 할머니의 소개로 여옥이라는 처녀를 만나 보았고 그 처녀가 마음에 들었다. 여옥도 그를 마음에 들어 했다. 여옥은 비록 많이 배우지 못했지만 공부에 대한 욕심이 있었다.

"여옥 씨, 약혼하고 나서 우리 함께 공부합시다."

"……열심히 해 보겠어요."

여옥은 부끄러워하면서도 얼굴에 미소를 지었다. 두 사람의 뜻에 따라 곧 약혼이 이루어졌다. 결혼은 아버지의 상이 끝난 이듬해에 하기로 약속하였다. 김구는 좋은 글을 모아 여옥이 공부할 책을 손수 만들었다. 그는 틈이 날 때마다 여옥의 집에 들러 공부를 가르쳤다. 두 사람은 서로 알뜰한 정이 들었다.

그런데 김구가 아버지의 탈상을 마치고 새해 명절을 보내고 있을 때 여옥이 아프다는 연락이 왔다. 그가 달려갔을 때 여옥은 이미 죽어 가고 있었다.

"여옥씨, 나를 알아보겠소?"

"……"

여옥은 대답 대신 희미한 미소를 지으며 숨을 거두었다. 김구는 넋을 잃고 오래도록 여옥의 손을 잡고 앉아 있었다. 그는 여옥을 양지바른 곳에 묻어 주었다. 그는 여옥이 감기에 걸렸을 뿐인데도 약 한번 먹이지 못하고 죽게 한 것이 너무나 한스러웠다.

여옥을 떠나보낸 뒤 김구는 고향을 떠났다. 그는 동지들과 약속한 대로 오인형이 사는 장련으로 이사했다. 그는 오인형의 큰 사랑방을 빌려 작은 학교를 열었다. 그리고 그곳에서 서울 출신의 최준례를 만나 결혼하였다.

김구가 최준례와 결혼하게 된 데도 사연이 있었다. 최준례에게는 어머니가 결혼 상대로 정해 준 남자가 있었다. 하지만 최준례는 어머니의 말을 따르지 않았다.

"저는 제 마음에 들고 저와 뜻이 통하는 사람하고만 결혼하겠어요."

최준례는 자기 의견을 조금도 굽히지 않았다. 그것을 보고 어떤 사람이 김구를 찾아왔다.

"내 이웃에 좋은 처녀가 있으니 당신이 한번 만나보시오."

그 사람의 중매로 김구는 최준례를 만났다. 두 사람은 서로 마음에 들어 이내 결혼을 약속했다. 갑작스러운 결혼 결정에 주위에서 반대가 있었지만 두 사람의 뜻은 확고했다.

"옛날식 결혼은 개인의 자유를 억누르는 것입니다. 우리는 스스로 상대를 선택하여 결혼했으니 그 책임도 스스로 지겠습니다."

결혼식을 올리고 나서 김구는 아내 최준례를 공부시키려고 서울 경신학교로 떠나보냈다. 이런 두 사람의 모습을 보고 젊은이들은 큰 박수를 보냈다.

김구가 장련에서 처음 연 사랑방 학교는 동네 서당이나 다를 바 없었다. 학생이라고는 동네 아이들 몇 명뿐이었다. 그러나 학교를 세운 지 한 해가 지나기 전에 방이 비좁아 마루에서 공부를 해야 할 만큼 학생들이 몰려들었다. 얼마 뒤 나라에서 장련에 보통학교를 세웠을 때 김구는 그 학교로 옮겨가서 가르쳤다.

이렇게 김구가 한창 교육에 힘쓰고 있던 1904년에 러일전쟁이 일어났다. 러시아와 일본이 서로 한반도를 차지하려고 벌인 전쟁이었다. 그 전쟁에서 일본이 이겼고, 한반도는 완전히 일본의 발아래 놓이게 되었다. 과연 일본은 이듬해 대한제국을 위협하며 을사늑약을 맺었다. 이 늑약으로 일본은 서울에 통감부를 설치하고 대한제국을 자기 나라처럼 지배하게 되었다. 조선 사람에게 을사늑약은 나라를 잃은 것처럼 통탄할 일이었다.

을사늑약이 맺어지자 김구는 분노와 슬픔에 사로잡혔다. 마침 서울에서 을사늑약을 반대하는 기독교 청년들의 모임이 있었다. 김구는 그 모임에 장련 대표로 참석했다. 전국에서 모인 청년 대표들은 을사늑약을 반대하는 상소를 고종 황제에게 올리기로 했다.

"우리 목숨을 걸고 대한문 앞으로 갑시다."

청년 대표들은 황제에게 상소를 올릴 다섯 사람을 앞세우고 덕수궁 대한문 앞으로 몰려갔다. 그러나 그곳에는 일본 경찰들이 번쩍거리는 칼을 뽑아 들고 가로막고 있었다.

"조선 땅에서 왜놈들을 몰아내자!"

"원수의 노예로 살 바에는 차라리 의롭게 죽자!"

청년들은 구호를 외치며 맨주먹으로 일본 경찰에게 달려들었다. 일본 경찰은 청년들을 닥치는 대로 잡아서 끌고 갔다. 청년들은 길에 흩어진 돌멩이와 기와 조각을 던지며 맞섰다. 일본 경찰은 마침내 총을 쏘기 시작했다.

"탕, 탕, 탕!"

일본 경찰은 뿔뿔이 흩어지는 사람들을 뒤쫓아 닥치는 대로 잡아갔다. 김구는 겨우 몸을 피했다. 그날 조정의 대신을 지냈던 민영환이 을사늑약에 반대하며 자결하였다. 김구는 청년들과 민영환의 집을 찾아가 조문한 뒤 앞으로의 일을 논의했다.

"우리의 뜻이 아무리 강해도 맨손으로 적을 이길 수는 없겠습니다."

"맞습니다. 우리가 할 일은 국민의 애국 사상을 높여 앞날을 기약하는 것입니다."

김구와 청년들은 서로의 앞날을 격려하며 헤어졌다. 황해도 장련으로 내려가는 그의 발걸음은 너무나 무거웠다. 그러나 마음만은 앞날에 대한 희망을 잃지 않았다.

황해도 지역은 다른 어느 고장보다 많은 학교가 생겨나기 시작했다. 김구는 자기를 부르는 곳이면 어디에 있는 학교든 달려가서 일했다. 그는 안악으로 이사하며 김홍량이 세운 양산학교의 교사로 부임하였다.

황해도에서 안악은 새로운 교육으로 앞서나가는 곳이었다. 그리고 양산학교가 그 선두에 있었다. 김구는 교육이 발전하기 위해서는 좋은 교사가 많아야 한다고 생각했다. 그는 양산학교에서 사범 강습회라는 교사 훈련 과정을 만드는 일에 나섰다.

사범 강습회의 교육은 평양에서 실력 있는 교사로 이름난 최광옥이 이끌었다. 또한 일본에서 공부를 하고 돌아온 이광수 같은 유학생들도 참여했다. 김구는 뒷일을 도맡아 하면서 여러 고장을 분주하게 뛰어다녔다. 강습회가 열리자 황해도, 평안도, 경기도는 물론이고 멀리 충청도에서까지 수백여 명이 몰려들었다.

교실에는 젊은 청년부터 늙은 서당 훈장까지 다양한 사람들이 모였다. 김구는 강습회에서 옛날 공주 마곡사의 중이었을 때 함께 지냈던 사람도 만났다. 두 사람은 손을 맞잡고 놓을 줄을 몰랐다.

"원종 스님, 아니 김구 선생님! 이게 얼마 만입니까?"

"하하, 스님께서도 이제 절을 떠나 교육에 몸을 바치시렵니까?"

"절에서는 공부를 못합니까? 여기서 잘 배워서 절에 학교를 만들 생각입니다."

"좋은 생각입니다. 잘 오셨어요."

두 사람이 즐겁게 인사를 나누는 강습회장 앞에는 현수막이 바람에 힘차게 펄럭이고 있었다. 현수막에는 검은 먹으로 쓴 주먹만한 글씨가 쓰여 있었다.

'무너져가는 조국을 일으켜 세우려면 아들딸을 교육시켜라!'

이것이 강습회의 제목이었다. 강습회에서는 국어, 생물학, 물리학, 식물학, 경제학 같은 여러 과목을 가르쳤다. 무더위가 기승을 부리는 한여름이었지만 모두 새로운 학문에 빠져 더운 줄도 몰랐다. 사범 강습회는 이렇게 매년 열리게 되었다.

어느 날 김구는 양산학교를 세운 김홍량을 만나러 그의 집을 방문했다. 마침 김홍량은 집에 없고 그의 할아버지 김효영이 있었다.

김효영은 칠십이 넘은 노인이었지만 젊은이 못지않게 앞선 생각을 지니고 있었다. 김효영은 집이 가난하여 공부를 포기하고 등에 옷감을 짊어지고 다니며 장사를 했다. 그렇게 노력하여 그는 큰 부자가 되었다.

김효영은 구두쇠였지만 좋은 일을 위해서는 선뜻 큰돈을 내놓곤 했다. 언젠가 안악에서 학교가 만들어질 때도 김효영은 이름을 숨기고 쌀 백 석을 내놓았다. 김구는 그런 김효영을 무척 공경하고 따랐다.

"어르신, 그간 안녕하셨습니까?"

"김 선생님도 그간 평안하셨소?"

김효영은 손자뻘인 김구에게 늘 존댓말을 썼다. 그는 교육을 위해 애쓰는 김구를 몹시 아꼈다. 마침 김효영은 웬 노인과 바둑을 두고 있던 참이었다. 그런데 김구가 가만히 보니 그 노인은 고향의 이웃 동네에 사는 양반이었다.

'저이는 대대로 우리 집안을 상놈이라고 무시하고 괴롭히던 양반이 아닌가.'

김구는 어린 시절의 뼈아픈 기억이 떠올랐지만 고향 어른인 노인에게 큰절을 했다.

"음, 누군가 했더니 텃골 살던 김순영의 아들놈일세그려."

"그렇습니다."

"여기서 훈장질을 하고 있는 모양이지?"

노인은 김구의 대답도 듣지 않고 바둑판으로 고개를 돌렸다. 김구는 기분이 좋지 않았으나 가만히 물러났다. 그가 대문을 나서려는데 노인이 김효영에게 말을 걸었다.

"당신은 참 복도 많아. 돈도 많고 자손도 잘 자라서 모두 효자들이니 말이야."

"뭣이라고?"

노인의 말이 끝나기가 무섭게 김효영이 갑자기 바둑판을 들어 뜰로 내던졌다. 김효영은 노인을 향해 큰 소리로 꾸짖었다.

"지금 그 말이 내게 듣기 좋은 말인 줄 아는가? 칠십이 넘은 늙은 몸이 곧 왜놈의 노예가 되게 생겼는데 내가 복이 많다니? 어디서 그런 망발을 하느냐!"

집안사람들이 호통 소리를 듣고 달려 나와 겨우 김효영을 달랬다. 김구는 김효영의 말을 곱씹으며 뜨거운 눈물을 참을 수가 없었다.

'맞아. 나라를 잃고 사는 몸에게는 어떤 복도 있을 수 없지.'

김구는 고향 노인 양반의 추한 모습을 떠올리며 울분을 느꼈다.

'대대로 양반이라고 행세했으면서 나라가 이 지경이 되었어도 부끄러움을 모르는구나. 그런 사람이야말로 진짜 상놈이다. 임금이 아니라 백성에게 충성을 다하는 사람이 진짜 양반이지.'

김구는 생각에 잠겨 이리저리 한참을 걸어 다녔다.

양산학교는 나날이 커져 소학부와 중학부가 만들어졌다. 김홍량이 교장이 되었고, 김구는 소학부 담임을 맡았다. 한편 그는 최광옥과 함께 '해서교육총회'라는 단체를 만들어 학무총감이 되었다. 그는 황해도의 군과 읍을 돌며 학교를 세우는 일을 돕고 강연을 했다.

김구가 군이나 읍에 도착하면 많은 사람이 나와 반겨 주었다. 어느 고장에서는 군수가 김구를 보자마자 "김구 선생 만세!"를 외쳤다. 마중 나온 사람들도 따라서 만세를 불렀다. 김구는 자기를 환영해 주는 사람들에게 감사하며 겸손한 자세로 일했다. 여러 곳에서 다투듯이 그를 불러서 몸이 두 개라도 모자랄 지경이었다.

어느 날 송화 군수가 사람을 보내 김구를 초청했다.

"군수님께서 왜 우리 군에는 선생님이 안 오시냐고 성화십니다."

"그럼 마땅히 가야지요."

김구가 송화읍에 들어서 보니 그곳은 온통 일본인 차지가 되어 있었다. 군청이며 우편국엔 일본 헌병대와 경찰서가 들어서 있었다. 군수와 관리들은 주민들의 집을 빌려 근무하고 있었다. 그는 그런 모습을 보고 분한 마음이 치밀었다.

그날 밤, 송화 읍내의 너른 마당에서 김구의 강연회가 열렸다. 그는 환등기를 틀어 놓고 사람들에게 사진을 보여 주며 연설을 시작했다. 모여든 사람들 뒤로 일본 경찰이 빙 둘러서서 감시하고 있었다. 마침 영사막에 고종 황제의 모습이 나타났다.

"우리 대한의 황제 폐하입니다. 모두 일어서십시오."

황제의 얼굴을 처음 본 사람들이 신기한 표정을 지으며 일어났다. 그러나 일본 경찰들은 멀뚱멀뚱 앉아 있었다.

"당신들도 당장 일어나시오!"

김구의 호통에 일본 경찰들이 마지못해 일어섰다. 그는 비로소 연설을 시작했다.

"옛날에 우리 대한 사람은 일본을 미워하지 않았습니다. 그러나 일본은 우리에게 을사늑약을 강요했습니다. 일본은 우리 땅을 차지하고 우리의 마을을 약탈하고 있습니다. 그래서 우리 대한 사람은 일본을 반대합니다."

김구의 목소리는 피를 토하는 듯했다. 앞에 앉아 있던 군수와 관리들의 얼굴이 흙빛이 되었다. 일본 경찰들은 흥분하기 시작했다.

"당장 강연회를 중지시켜라!"

일본 경찰서장이 버럭 소리쳤다. 일본 경찰들은 환등기를 빼앗고 김구를 붙들어 갔다. 그날부터 그는 한 달 넘게 경찰서에 갇혀 있었다. 그곳에서 그는 대한 청년 안중근이 하얼빈에서 이토 히로부미를 총으로 쏘아 죽인 소식을 들었다.

'안중근이라면 안태훈 진사의 큰아들 아닌가. 그가 우리 민족의 기개를 보여주었구나.'

김구는 오래전에 보았던 안중근의 늠름했던 모습을 떠올렸다.

그는 통쾌하면서도 안중근의 앞날이 걱정스러웠다. 얼마 뒤 그는 해주 재판소로 끌려가 일본 검사에게 조사를 받았다. 일본 검사는 백 쪽이 넘는 종이 더미를 책상 위로 올려놓았다.

"그동안 당신이 하고 다닌 일을 여기에 다 적어 놓았소. 그러니 순순히 대답하시오. 안중근과 마지막으로 만난 게 언제요?"

일본 검사는 김구가 안중근과 관계가 있다고 의심하는 모양이었다. 김구는 자기를 조사해서 기록한 종이 더미를 보고 놀랐지만 순순히 대답했다.

"안중근 의사가 열예닐곱 살 때 함께 지낸 적이 있소. 그때도 참 훌륭한 젊은이였소."

"지금 말장난하자는 것인가? 계속 이러면 무사하지 못할 것이야."

일본 검사는 얼굴을 붉히며 김구를 몰아세웠다. 하지만 김구에게 원하는 대답을 들을 수는 없었다. 일본 검사는 어쩔 수 없이 그를 내보내 주었다. 김구는 풀려나오면서도 하나도 기쁘지 않았다. 그의 머릿속은 앞날에 대한 근심으로 가득 차 있었다.

'어두운 먹구름이 우리 강산을 뒤덮고 있구나. 이를 어찌해야 할까.'

드센 바람에 억센 풀이 되어

1910년 8월 29일, 일본과 대한제국은 한일병합 조약을 맺었다. 조선 땅이 일본의 지배를 받는다는 조약이었다. 그것은 말이 조약이지, 실은 일본이 힘으로 대한제국을 점령한 것이었다. 일본은 조선을 통치하기 위해 서울에 조선총독부를 만들었다.

김구는 하늘이 무너지는 느낌이었다. 슬픔과 치욕이 그의 가슴에서 들끓었다. 처음엔 총이든 칼이든 들고 일본에 맞서 싸우고 싶었지만 시간이 흐르면서 그는 마음을 진정시켰다.

'당장의 분노는 힘이 없다. 이미 치하포에서 겪지 않았던가. 나라를 되찾으려면 탄탄한 준비가 필요해. 교육을 통해 동포들의 애국심을 높이고 왜놈을 몰아낼 준비를 해야 한다.'

김구는 양산학교 교장을 맡아 학교를 키우고 가르치는 일에 더욱 힘썼다. 그는 나라를 되찾기 위한 비밀 조직인 신민회에도 참여했다. 신민회는 1907년 안창호, 양기탁, 이동녕 같은 민족 지도자들이 만든 조직이었다. 신민회는 나라가 일본에 넘어간 그해 가을에 서울에서 모임을 가졌다. 김구도 그 자리에 참석했다.

나라를 잃은 마당에 사람들의 의견은 분분했다.

"우리의 싸움은 길고 험난할 것이오. 좋은 생각들이 있으면 말씀해 보시오."

"일본에 맞서서 서울에 우리 정부를 만듭시다."

"그게 지금 가능하다고 생각하시오? 지금 중요한 건 일본을 몰아내는 싸움을 준비하는 일입니다."

"일본과 싸운다면 어디서 어떻게 싸운단 말씀이오?"

이때 말없이 듣고 있던 김구가 입을 열었다.

"일본과 싸우기 위해서는 아무래도 만주가 좋을 듯싶습니다. 그곳은 땅이 넓고 우리 동포도 많지요. 아직 일본의 손길이 미치지 않았고요. 우리가 그곳으로 이주하여 군사 학교를 만들고 전쟁을 준비하는 게 좋겠습니다."

김구는 오래전 김형진과 만주를 둘러보았던 때가 생각났다. 그의 의견에 여러 사람이 찬성했다. 그리고 각자 자기 고장으로 돌아가 돈을 마련하여 만주 이주를 준비하기로 약속했다. 김구는 황해도 대표를 맡았다. 그는 안악으로 돌아와 김홍량과 하나둘 준비를 서둘렀다. 비밀리에 집과 땅을 팔고, 동지들을 모았다.

소문을 듣고 김구를 찾아와 뜻을 같이 하겠다는 사람도 있었다. 어느 날 안중근의 사촌 동생인 안명근이 찾아왔다. 안명근은 사촌 형인 안중근이 일본 경찰에게 잡혀 죽게 된 일로 복수심에 불타고 있었다. 그는 품속에서 권총을 꺼내 보여 주었다.

"저는 부자들을 찾아다니며 독립운동 자금을 모으고 있습니다. 말을 듣지 않으면 이 총으로 혼내 줄 작정입니다. 왜놈이든 그 앞잡이든 다 죽여 버리고 싶은 마음뿐입니다"

"제발 진정하시오. 우리는 앞날을 위해 치욕을 참으며 힘을 길러야 합니다."

김구는 안명근을 잘 달래서 보냈다. 그런데 며칠 뒤 안명근은 황해도 사리원에서 일본 경찰에게 붙잡혀 서울로 끌려갔다. 일본 경찰은 안명근을 체포한 뒤, 자기들에게 협력하지 않는 사람들을 닥치는 대로 잡아들였다. 황해도 여러 곳에서 교육과 독립을 위해 애쓰는 사람들이 하나둘 체포되었다. 안악에서는 김구와 김홍량이 서울로 끌려갔다.

일본 경찰의 조사실엔 한겨울의 냉기가 방 안에 가득 차 있었다. 김구는 조사실 한가운데 놓인 책상 앞에 앉아 있었다. 천장에 매달린 희미한 전구가 어둠을 겨우 밝혀 주고 있었다. 그 앞에는 세 명의 일본 경찰이 마주 보고 앉아 있거나 서 있었다. 가운데 앉은 일본 경찰이 서류철을 넘기며 입을 열었다.

"이름이 뭔가?"

"김구라고 한다."

"나이는?"

"서른여섯이다."

간단한 질문이 끝나자 일본 경찰은 빈정거리며 물었다.

"당신이 왜 여기 왔는지 아는가?"

"나는 무슨 영문인지도 모른 채 개처럼 끌려왔을 뿐이다."

"좋아. 너 스스로 깨닫게 해주지."

일본 경찰들이 다짜고짜 김구에게 달려들어 몸을 묶더니 천장에 매달았다. 세 명의 경찰들이 돌아가며 회초리와 몽둥이로 그를 마구 때리기 시작했다. 그의 몸에서 둔탁한 소리가 울렸다. 그는 어느 순간 정신을 잃었다.

"못된 조선 놈아, 당장 일어나라!"

일본 경찰은 김구의 몸에 찬물을 끼얹었다.

"으으으……"

김구는 섬뜩한 한기에 몸을 부르르 떨며 정신을 차렸다. 그러자 또다시 매질이 시작되었다. 그렇게 하룻밤을 꼬박 지새우며 매질과 고문이 계속되었다. 그는 정신이 들 때면 이를 악물며 마음을 굳게 다잡았다.

'나는 억센 풀이 되어 끝내 드센 바람을 이기고 일어서고 말리라.'

날이 밝아서야 일본 경찰은 김구를 들어다가 감방에 눕혔다. 온몸의 감각이 사라지고 정신이 몽롱한 가운데도 한 가지 생각이 떠올랐다.

'저 왜놈들은 자기 나라를 위해 밤을 새워 일하는구나. 나라를 구하겠다는 나는 저들처럼 밤을 새워 일한 적이 몇 번이나 있었던가? 참으로 부끄럽구나.'

김구는 몸이 아파서가 아닌 부끄러운 마음에 뜨거운 눈물을 주르르 흘렸다. 그 뒤로도 일본 경찰의 취조와 고문이 이어졌다. 그러던 어느 날, 지위가 높은 일본 경찰이 조사실에서 그를 기다리고 있었다. 김구는 그 사람을 보고 가슴이 덜컥 내려앉았다.

'아니, 저자는……'

그 경찰은 17년 전 김구가 인천 감옥에서 만났던 와타나베였다. 와타나베는 어느덧 총감부 기밀 과장이라는 지위에 올라 있었다. 와타나베는 김구를 훑어보며 입을 열었다.

"나는 한눈에 네 속을 훤히 볼 수 있다. 터럭 하나라도 내게 숨기면 이 자리에서 네 목숨은 끝이니 모든 걸 순순히 불어라"

김구는 등줄기로 식은땀이 흐르는 것을 느꼈다. 그러나 한편으로는 와타나베가 자신을 기억하고 있는지를 시험해 보고 싶은 배

짱도 생겼다.

"내 일생은 떳떳하오. 나는 그저 교육자일 따름이오."

"거짓말하지 마라. 너는 만주로 가서 독립운동을 하려고 안명근과 짜고 사람들을 강탈하지 않았느냐?"

"당신은 남의 속을 훤히 들여다본다더니 그것도 순 거짓이구려. 허허허."

"이, 이놈이……."

다행히도 와타나베는 김구를 전혀 기억하지 못했다. 김구는 안도의 한숨을 내쉬었다.

'동지들과 이웃 사람들이 왜놈 경찰들에게 내 과거를 숨겨 주었구나. 나라는 망했어도 민족정신은 사라지지 않았어.'

김구는 더욱 당당한 자세로 일본 경찰에 맞섰다. 그는 조사를 받을 때마다 정신을 잃을 때까지 고문과 구타에 시달렸다. 그럴수록 그의 의기는 더욱 강고해졌다.

"이놈들아, 옷을 입어서 하나도 아프지 않으니, 차라리 옷을 다 벗고 맞겠다!"

"이런 독한 놈을 봤나."

일본 경찰은 김구를 벌거벗겨 살가죽이 벗겨질 때까지 때렸다. 그는 온몸이 만신창이가 되었다. 그의 힘겨운 싸움에도 불구하고 일본 경찰은 제멋대로 조서를 꾸몄다. 김구는 두 가지 죄를 뒤집어썼다.

그는 안명근과 함께 강도 사건의 주모자가 되었고, 신민회 활동으로 보안법 위반자가 되었다. 곧 재판이 열리고 판결이 내려졌다.

"피고 안명근 종신 징역, 피고 김홍량 15년, 피고 김구 15년……"

일본 재판관은 김구를 강도로 몰아서 무거운 형을 내렸다. 김구는 15년이라는 징역형이 실감이 나질 않았다.

'15년 뒤에 과연 살아서 세상에 나갈 수 있을까.'

15년이라는 시간이 김구에게는 너무나 까마득하게 여겨졌다. 그는 서대문 감옥으로 끌려가면서 깊은 어둠 속으로 들어가는 기분이었다. 이제 더 이상 고문을 받지 않아도 되었지만 그의 마음은 절망감에 휩싸였다. 그는 입맛을 잃고 밥도 제대로 먹지 못했다.

어느 날 김구는 간수를 따라 면회소로 나갔다. 판자로 가로막힌 작은 구멍이 열리자 건너편에 어머니 곽낙원이 서 있었다. 그는 어머니를 보자 가슴이 턱 막혔다. 일본인 간수가 두 사람을 날카로운 눈빛으로 감시하고 있었다. 그러나 어머니는 얼굴빛 하나 변하지 않고 말했다.

"나는 네가 경기 감사가 된 것보다 더 기쁘구나. 우리 가족은 무사하니 너는 아무런 근심 말고 앞날을 위해 몸을 잘 지켜라. 내가 무슨 수를 써서라도 하루 한두 끼 밥을 넣어 주마."

어머니는 그 말을 남기고 뒤돌아섰다. 김구는 한마디도 하지 못한 채 무정하게 닫히는 판자 구멍만 바라보고 있었다.

'어머니는 못난 아들 때문에 가슴이 찢어지셨을 텐데도 저렇듯 당당하시구나. 그런데 젊은 나는 뭔가. 내가 절망에만 빠져 있다면 왜놈들만 좋아할 것이다. 어머니 같은 분이 계시는 한 우리 민족은 절대 사라지지 않아. 죽을 때 죽더라도 쾌활하고 낙천적인 마음으로 살아가자.'

김구는 어머니의 모습에서 굳센 마음을 새로 얻었다. 그렇게 마음먹으니 그에게는 힘들 게 하나도 없었다. 더구나 그의 곁에는 나라를 되찾는 싸움에 함께 나선 동지들이 있었다. 그리고 이름 모를 수많은 의병들과 독립군들이 또한 그의 곁에 있었다.

청년 김좌진도 그 가운데 한 사람이었다. 김좌진은 독립군 자금을 모으려다 잡혀 와 있었다. 침착하고 굳센 김좌진은 늘 당당한 자세로 즐겁게 생활하는 사람이었다. 김구는 김좌진 같은 청년들을 볼 때마다 큰 의지가 되었다.

그렇지만 감옥 생활은 생지옥이 따로 없었다. 콩과 좁쌀로 된 거친 밥을 먹고 비좁은 방에서 스무 명이 함께 잠을 잤다. 몸을 옆으로 세우고 자는데도 발을 뻗을 틈조차 없었다. 낮에는 공장으로 끌려가 하루 종일 철공일이나 목공일, 보석 만드는 일을 했다.

죄수들은 하나같이 굶주림과 더위와 추위에 시달렸다. 여름이면 무더운 방 안에서 질식해 죽는 사람이 많았다. 겨울에는 손과 발이 동상으로 얼어 터져 불구가 되는 사람도 여럿이었다. 그중에서도 죄수들이 가장 견디기 힘든 건 굶주림이었다.

어머니 곽낙원은 품을 팔아 매일 김구에게 밥을 넣어 주었다. 김구는 하루 한 끼는 굶고 그 밥을 죄수들에게 먹였다. 간수들은 죄수끼리 밥을 나누어 먹지 못하게 했지만 김구는 식사 시간이 되면 간수 몰래 죄수 한 사람의 옆구리를 찔러 밥을 주었다.

'나는 농사를 짓지 않고 옷을 짜지 않는데도 동포들은 나를 먹이고 입혀 주었다. 내가 배고픈 이들을 도와주는 건 너무나 당연한 일이야.'

김구는 자기 욕심만 차리는 죄수들이 미울 때도 있었지만 그들을 친근하게 대하려고 애썼다. 처음에 죄수들은 김구를 강도로만 알았다. 그러나 차츰 그의 사람 됨됨이와 마음씨를 알고 믿고 따르기 시작했다. 김구 또한 죄수들에게서 무엇이든 배울 점을 찾으려고 했다.

하루는 남쪽 지방에서 유명한 도적 한 사람이 김구의 감방으로 들어왔다. 그 사람은 삼남 지방의 도적 우두머리인 김진사라는 자였다. 김구는 김진사를 친구로 사귀었다. 김진사는 믿음직한 김구에게 마음을 터놓으며 도적들의 모임과 행동에 대해 자세히 알려 주었다.

"그쪽에서는 사람을 어떻게 모읍니까?"

"우리는 수가 적어도 탄탄한 조직을 만들려고 합니다. 매년 지방의 우두머리가 책임지고 한 사람씩 뽑아 올리면 여러 차례 시험을 거쳐 선발합니다."

"어떤 사람을 뽑습니까?"

"첫째로 눈빛이 맑은 사람, 둘째로 행실이 깨끗한 사람, 셋째로 담력이 굳센 사람, 넷째로 성품이 침착한 사람을 고릅니다. 그 사람 몰래 오랫동안 꼼꼼하게 조사를 하지요."

김구는 김진사의 말을 들으며 신민회 활동이 떠올랐다.

'왜놈과 싸우려면 강한 조직과 규율이 필요해. 신민회는 하물며 도적만도 못했구나.'

김구는 지난 활동을 반성하면서 앞으로 강한 조직으로 일본에 맞설 결심을 다졌다.

그러던 중 일본의 왕 메이지와 왕비가 몇 달 사이로 죽었다. 일본은 왕이나 왕비가 죽으면 죄수들의 형을 줄여주었다. 몇 달 사이에 김구의 형은 15년에서 5년으로 줄었다. 서대문 감옥에서 3년을 지낸 그에게는 이제 2년이 남게 되었다.

'나도 다시 세상에 나갈 희망이 생겼구나.'

김구는 출옥하면 무슨 활동을 할지 생각해 보았다. 그는 새로운 마음을 갖기 위해 이름의 한자를 바꾸었다. 그는 그때까지 이름이던 거북 구(龜) 자 대신 아홉 구(九) 자를 쓰기로 했다. 이것은 일본이 만든 호적에 오른 이름을 버리고 새 사람이 되겠다는 뜻이기도 했다.

김구는 호도 '백범(白凡)'이라고 지었다. 백정이나 평범한 사람도 자기처럼 나라를 되찾는 싸움에 나서기를 바라는 마음의 표현이었다. 백범 김구로 새로 태어난 그는 감옥에서 뜰을 쓸거나 유리창 닦는 일을 할 때마다 마음속으로 기도를 올렸다.

'하느님, 우리가 독립된 나라를 세우면 저는 우리 국민의 정부에서 뜰을 쓸고 유리창도 닦는 일을 해 보고 죽고 싶습니다.'

출옥의 희망에 들떠 있던 김구는 인천 감옥으로 옮겨졌다. 그를 미워한 일본 간수가 감옥 생활이 더 힘든 곳으로 보낸 것이다. 그는 동지들 곁을 떠나 17년 만에 다시 인천 감옥으로 끌려갔다. 그때 인천은 새 항구를 만드는 중이었다. 그는 2년 동안 항구를 만드는 공사장에서 죽도록 일만 했다. 쇠사슬에 묶인 채 아침부터 저녁까지 흙과 돌을 나르는 일을 반복했다.

1915년 여름, 김구는 드디어 석방되었다. 아직 형기가 남아 있었지만 일을 많이 한 대가로 조금 일찍 나올 수 있었다. 붉은 죄수복을 흰 한복으로 갈아입고 감옥을 나서자 뜨거운 열기가 그를 감쌌다.

'이제야 비로소 새로운 싸움에 나서는구나.'

김구는 서둘러 가족이 있는 안악으로 향했다. 그가 마을 앞에 이르니 사람들이 신작로에 나와 기다리고 있었다. 어머니 곽낙원이 다가와 그의 손을 붙들고 눈물을 흘렸다.

"너는 이렇게 살아왔는데, 네 딸 화경이는 얼마 전 병으로 죽었구나. 그 어린 것이 얼마나 고생을 했는지 모른다."

김구는 갓난아이 때 보고 한 번도 보지 못한 딸을 생각하니 절로 눈물이 솟았다. 그는 딸의 무덤부터 먼저 찾았다.

오랜 감옥 생활을 하고 돌아온 김구를 많은 사람들이 기쁘게 맞아 주었다. 사람들은 그를 위해 술자리를 마련했다. 그 자리에는 마을의 노인들과 친구들, 그리고 제자들이 모였다.

"선생님을 다시 만난 기쁜 마음에 마련한 자리이니 마음껏 드십시오."

제자들의 말에 김구는 못 이기는 척 평소 마시지 않는 술까지 한 잔 미셨다. 기생들의 춤과 노래가 이어지고, 사람들은 즐겁게 먹고 마시기 시작했다. 그런데 어머니가 사람을 시켜 김구를 불렀다. 김구를 보자 어머니는 크게 노하며 꾸짖었다.

"나와 네 아내가 오늘 이 꼴을 보려고 여러 해 동안 그 고생을 했단 말이냐? 할 일이 태산 같은 네가 기생들과 노래하고 술이나 마셔야 되겠느냐?"

"어머니, 제가 죽을죄를 지었습니다."

김구는 무조건 잘못을 빌었다. 그는 부끄러워 얼굴이 벌겋게 달아올랐다.

김구는 아내 최준례가 교사로 있는 안신학교에서 아내와 함께 학생들을 가르쳤다. 그는 형기가 다 끝날 때까지는 일본 헌병대의 감시를 받아야 했다. 그는 일본을 몰아내기 위한 싸움에 뛰어들 생각이었지만 그런 기회는 좀처럼 보이지 않았다.

'차라리 밑바닥으로 내려가서 때를 기다리자.'

김구는 우선 농촌 운동을 하기로 마음먹었다. 그 시절 동포들의 열에 여덟아홉은 농민이었다. 그는 농민이 잘살아야 나라가 잘 된다고 생각했다. 그는 황해도 신천의 동산평이라는 마을로 들어가기로 결심했다. 동산평은 김구의 동지인 김홍량 집안의 땅이었다. 김구가 그곳의 농사 감독을 맡겠다고 하자 모두가 나서서 말렸다.

"동산평은 사람들이 노름을 즐기고 행실이 좋지 않기로 소문난 곳입니다. 좀 더 살기 편한 곳을 찾아보겠습니다."

"아닙니다. 그런 곳에 가야 제가 할 일이 있습니다."

김구는 사람들의 만류를 뿌리치고 동산평으로 이사했다. 그가 가서 보니 과연 동산평은 노름과 도적질이 만연해 있는 고장이었다. 그가 농사 감독으로 오자 농부들은 고기며 담배를 가지고 그를 찾아왔다. 그는 농부들이 선물을 들고 올 때마다 받지 않고 돌려보내며 말했다.

"앞으로 뇌물을 가져오는 사람에게는 농사지을 땅을 절대로 주지 않겠습니다."

"뇌물이라뇨. 그저 저희의 성의입니다."

"그런 물건이 집에 많은데 왜 남의 땅을 짓습니까. 그러니 땅을 줄 수 없단 말입니다."

사람들은 의아한 표정으로 김구를 바라보았다. 김구는 내친김에 농부들을 모아 몇 가지 규율을 발표했다.

"앞으로 도박을 하는 사람에게는 땅을 주지 않겠습니다. 그 대신 아이들을 학교에 입학시키는 사람에게는 좋은 땅을 드리겠습니다. 또한 열심히 일하는 사람에게는 추수할 때 곡식을 상으로 드리겠습니다."

농부들은 믿을 수 없다는 얼굴로 김구를 쳐다보았다. 김구는 자기가 말한 대로 행동에 옮겼다. 그는 소학교를 세워 교사를 데려오고 자신도 학생을 가르쳤다. 그리고 도박을 하는 사람에게는 땅을 주지 않았고, 부지런한 사람에게는 후한 상을 주었다.

동산평에는 점점 도박이 사라졌고, 농부들의 생활 형편이 나아지기 시작했다. 농부들은 김구를 믿고 따르게 되었다.

3장

겨레의 지도자로 우뚝 서다

대한민국 임시정부를 위하여

3월의 찬 바닷바람을 맞으며 김구는 기선의 갑판 위에 서 있었다. 그의 눈앞으로 너른 황해 바다가 펼쳐졌다. 그는 오랜 긴장에서 벗어나 비로소 안도의 숨을 내쉬었다. 지난 며칠 동안의 일들이 꿈결처럼 떠올랐다.

동산평에서 김구의 농촌 활동은 큰 보람을 얻었다. 게다가 첫아들 인이가 태어나는 기쁨도 있었다. 그러면서도 그의 마음속에는 늘 한 가지 생각이 꿈틀거렸다.

'나라를 되찾는 싸움에 온몸을 바칠 때가 언제일런가.'

김구가 농촌에서 때를 기다리고 있을 때, 마침 나라 안에서 거센 운동이 일어나고 있었다. 1919년 3월 1일, 서울 탑골공원에서는 독립선언서가 발표되고 대한 독립 만세가 울려 퍼졌다. 삼일운동은 여러 민족 단체와 종교 단체, 그리고 시민과 학생이 스스로 참여한 운동이었다.

"우리 대한 사람은 독립을 원한다!"

"대한 독립 만세!"

한번 시작된 만세의 함성은 온 나라 안에 들불처럼 번져나갔다. 동포들은 일본 경찰의 총탄에 쓰러지고 끌려가면서도 만세 운동을 멈추지 않았다. 만세 운동의 불길은 황해도에서도 번지고 있었다. 안악에서도 여러 사람이 나서서 만세 운동을 준비했다.

'드디어 때가 왔구나.'

만세 운동의 소식을 듣고 김구는 자기도 나설 때가 되었음을 느꼈다. 그러던 어느 날 안악에서 한 청년이 그를 찾아왔다.

"선생님, 만세 운동을 할 준비가 모두 끝났습니다. 지금 저와 함께 가시지요."

"나는 만세 운동에 참여할 마음이 없네."

"무슨 말씀이십니까? 선생님이 아니면 누가 만세 선창을 합니까?"

청년은 놀라며 김구를 바라보았다. 김구는 잠시 망설이며 대답했다.

"만세만 부른다고 독립이 되는 건 아니라네. 나는 그다음을 위해 해야 할 일이 있네. 그러니 자네는 어서 만세를 부르러 돌아가게나."

청년은 무슨 말인지 모르겠다는 표정을 지으며 안악으로 되돌아갔다. 그리고 다음 날 안악에서도 만세 운동이 일어났다. 김구는 그 소식을 듣고도 그냥 집에 머물러 있었다. 그는 평소처럼 일에만 열중했다. 그다음 날도 그는 아침부터 농부들과 무너진 제방을 고쳤다. 그를 감시하던 일본 헌병이 안심하고 돌아갔다. 점심때가 되자 그는 삽을 내려놓고 일어섰다.

"여러분, 일이 있어 잠시 이웃 마을에 다녀오겠소."

그 길로 김구는 안악의 동지들을 만나고 곧장 사리원역으로 가서 신의주행 기차에 올랐다. 기차가 평양을 거쳐 신의주까지 가는 동안 사람들은 온통 만세 운동 이야기만 했다. 그는 말없이 듣기만 했다.

"이제 우리나라가 독립이 되는 거요?"

"온 나라가 독립 만세를 부르면 왜놈들도 물러가지 않고는 못 배길 거요."

사람들은 나라가 독립이라도 된 것처럼 흥분하며 섣부른 희망에 차 있었다. 김구가 신의주역에 내렸을 때, 역 안에는 온통 일본 경찰들이 깔려 있었다. 일본 경찰들은 기차에서 내린 사람들을 붙들고 짐을 뒤졌다. 아무것도 들고 있지 않은 그를 일본 경찰이 불러 세웠다.

"당신은 뭐 하는 사람이오?"

"중국으로 목재를 사러 가는 장사꾼이오."

김구는 몸속에 미리 준비해 두었던 돈다발을 내보였다. 일본 경찰이 선선히 보내 주었다. 그는 부리나케 역을 빠져나와 중국인 인력거를 타고 압록강 다리를 건너갔다.

중국 땅 안둥에 들어선 김구는 며칠 뒤, 상하이행 배에 오를 수 있었다. 그는 갑판 위에서 멀리 조국 땅이 있는 수평선을 바라보았다. 그는 저도 모르게 가슴이 뜨거워졌다.

'나라고 어찌 목청껏 독립 만세를 부르고 싶지 않겠나. 그러나 만세를 부른다고 왜놈들이 물러갈 리 없다. 지금부터 우리는 길고 힘겨운 싸움을 시작해야 한다. 그 싸움에서 이기려면 동포의 마음을 모아 대한의 정부를 세워야 한다. 그리고 그 정부를 싸움의 중심으로 삼아 단단히 지켜야 한다.'

김구는 나라 안이 만세 운동으로 불타오르고 있을 때 또 다른 엄청난 소식을 들었다. 중국 상하이에서 민족 지도자들이 모여 대한민국 임시정부를 준비한다는 것이었다. 그 소식이야말로 그에게는 만세 운동보다 더 반가웠다.

만세 운동의 불길 속에서 김구는 남모르게 중국으로 떠날 채비를 꾸렸다. 그는 동지들과 은밀하게 의논하여 여비를 마련하고 계획을 세웠다. 그러기 위해 그는 만세 운동에도 참여하지 않고 일본 헌병의 감시를 따돌린 것이다.

안둥(지금의 단둥)을 떠난 배는 나흘이 지나 상하이 푸둥 부두에 도착했다. 김구는 그곳에 도착하자마자 이동녕, 이광수를 만났다. 이동녕은 그가 신민회에서 만난 동지이고, 이광수는 황해도에서 사범 강습회를 할 때 만났던 소설가였다. 그는 곧장 동지들과 임시 정부를 세우는 일에 뛰어들었다.

1919년 4월, 마침내 상하이 거리에 대한민국 임시정부의 태극기가 휘날렸다. 비록 남의 땅이었지만 우리나라 최초의 민주공화국 정부가 들어선 것이다. 대통령에는 이승만이 선출되었고, 국무총리는 이동휘가 맡았다.

"대한민국 만세!"

"대한 독립 만세!"

김구는 사람들 틈에서 처음으로 목청껏 대한민국 만세와 대한 독립 만세를 불렀다. 그의 볼 위로 오랫동안 참았던 뜨거운 눈물이 주체할 수 없이 흘러내렸다. 정부가 들어선 얼마 뒤, 내무총장(오늘날의 내무부 장관) 안창호가 김구를 찾았다.

"김 선생도 우리 정부에서 한자리를 맡아야겠소."

"우리 정부에서 제가 하고 싶은 일이 꼭 하나 있기는 합니다."

"그게 무엇입니까?"

"저는 서대문 감옥에 있을 때 하느님께 소원을 빈 적이 있습니다. 우리 정부가 세워지면 나는 그 정부 건물에서 뜰도 쓸고 유리창도 닦는 일을 해 보고 죽게 해 달라고요. 그러니 제게는 정부의 문지기를 맡겨 주십시오."

"허허, 참. 김 선생의 말씀대로 하지요."

안창호는 껄껄 웃더니 다음 날 김구에게 경무국장 임명장을 주었다. 그는 임명장을 받아 들고 안창호에게 되물었다.

"저는 문지기가 딱 어울리는데 경무국장은 또 무엇입니까?"

"국무회의에서는 김 선생이 정부를 지키는 일을 해 주시면 좋겠다고 결정했습니다. 선생처럼 든든한 분이 정부를 지킨다면 모두가 안심할 수 있겠습니다. 그러니 부디 거절하지 말고 맡아 주십시오."

안창호의 부탁에 김구도 고개를 끄덕였다.

"저에게는 과분한 자리지만 열심히 일해 보겠습니다."

경무국장은 오늘날 경찰청장과 비슷한 자리였다. 경무국장이 할 일은 정부 요인들을 경호하고 동포들을 보호하는 것이었다. 또한 정부에 해를 끼치는 사건이 발생하면 범인을 잡아 조사하고 처벌하는 일도 맡았다. 그리고 경무국장은 일본 경찰이나 첩자들에 맞서 첩보 대결을 펼치는 일도 이끌어야 했다.

그때 상하이는 영국, 프랑스, 미국, 일본이 나누어서 점령하고 있었다. 네 나라가 다스리는 지역을 조계라고 불렀다. 대한민국 임시정부는 프랑스 조계에 자리 잡았다. 그런데 그곳에서 자동차로 20여 분 남짓 걸리는 홍커우 지역이 바로 일본 조계였다. 그곳에 있는 일본 영사관은 중국 침략을 노리는 일본의 거점이었다.

일본 영사관은 대한민국 임시정부를 눈엣가시처럼 여겼다. 일본 경찰은 스파이를 보내 임시정부 요인들을 체포하거나 암살하려 했다. 하루는 건장한 청년들이 임시정부로 쳐들어온 사건이 일어났다.

"임시정부 놈들을 다 때려죽이겠다!"

청년들은 몽둥이를 휘두르며 사람들을 폭행했다. 김구와 경무국 요원들이 출동해서 그들을 붙잡았다. 조사해 보니 그들은 황학선이라는 일본 첩자의 명령을 받고 있었다. 황학선은 외딴곳에 가짜 병원을 차려 놓고 임시정부 요인들을 잡아다 죽이려던 참이었다. 김구는 황학선을 체포하여 사형에 처했다.

김구와 경무국 요원들은 물샐틈없이 임시정부를 지켰다. 그는 일본 경찰의 표적이 되었다. 그러던 어느 날, 한국 청년 한 명이 그를 찾아왔다.

"무슨 일로 나를 찾았소?"

김구의 물음에 청년은 품속에서 권총을 꺼냈다. 김구는 깜짝 놀랐다. 그런데 청년은 권총을 김구에게 내보이며 눈물을 흘리기 시작했다.

"저는 일본 경찰의 지시를 받고 선생님을 암살하려고 상하이로 왔습니다."

"그런데 왜 나를 죽이지 않고 울고만 있는 건가? 지금이 나를 죽일 절호의 기회 아닌가?"

"여기 와서 선생님이야말로 나라의 독립을 위해 몸 바쳐 싸우는 분인 줄 알게 되었습니다. 일본 경찰은 저를 협박하며 선생님을 암살하면 돈과 땅을 주겠다고 했습니다. 돈에 눈이 멀어 나라를 배신한 저를 용서해 주십시오."

김구는 청년이 탁자 위에 내려놓은 권총을 내려다보며 청년의 어깨를 두드렸다.

"그대가 이렇게 뉘우치니 옛일은 다 잊겠네. 앞으로는 독립을 위해 일하도록 하게."

"저 같은 죄인을 용서해 주시니 몸 둘 바를 모르겠습니다."

김구는 권총을 주머니에 넣고 청년을 돌려보냈다.

상하이에서 김구의 생활은 하루하루가 전쟁 같았다. 임시정부가 세워진 이듬해, 그의 아내 최준례가 큰아들 인이와 함께 상하이로 왔다. 그리고 2년 뒤에는 어머니가 상하이로 왔고, 둘째 아들 신이가 태어났다.

김구 가족은 베이러루 거리의 비좁은 집에서 오순도순 함께 살았다. 김구에게는 오랜만에 가져 보는 단란한 가정이었다. 그리고 그는 성실한 활동을 인정받아 1923년에 임시정부 내무총장으로 임명되었다.

하지만 김구의 행복은 그리 오래가지 못했다. 1924년, 그의 아내 최준례가 둘째 아이를 낳은 뒤, 계단에서 굴러떨어지는 사고를 당했다. 그 사고로 몸이 허약해진 아내는 폐렴까지 걸려 결국 세상을 떠나고 말았다. 아내가 죽었어도 김구는 내놓고 슬퍼할 겨를이 없었다. 누구나 고생하며 지내는 마당이라 그는 속으로 슬픔을 삼켰다.

동지들이 돈을 모아 최준례의 장례식을 치르고 비석을 세워 주었다. 비석에는 한글 학자였던 김두봉이 '최준례 무덤'이라고 한글로 새겨 넣었다. 김구는 어머니와 두 아들을 데리고 비석 앞에서 사진 한 장을 찍었다. 서울의 〈동아일보〉는 이 사진을 구해 신문에 싣고 그의 슬픈 소식을 이렇게 전했다.

'늙은 시어머니, 어린 자손, 더욱이 뜻을 이루지 못하고 표랑하는 남편을 두고 죽을 때에 그 부인의 눈이 어찌 차마 감기었으랴! 쓸쓸한 타향에 가족을 두고 외로이 누운 그에게 이 빗돌만이 쓸쓸한 회포를 더욱 돋울 뿐이다.'

아내가 세상을 떠날 무렵, 김구 가족은 생활이 점점 어려워져 끼니를 이을 길마저 막막해졌다. 그걸 보고 어머니 곽낙원이 말했다.

"네가 가족 때문에 나랏일을 못 해서야 되겠느냐. 내가 아이들을 데리고 고향으로 돌아갈 테니 너는 여기 남아 네 할 일을 다 하여라."

"……."

임시정부를 떠날 수 없는 김구로서는 어머니의 말을 따를 수밖에 없었다. 그는 평생 고생만 하다 죽은 아내와 고향으로 돌아간 식구들을 생각할 때마다 밤잠을 이루지 못했다.

'나라 잃은 백성의 삶이란 이토록 비참한 것이로구나.'

김구는 슬픔을 삭이며 겉으로는 태연한 척 행동했다. 그의 가족이 고난을 겪던 때에 임시정부 또한 어려움에 빠지기 시작했다. 일본은 임시정부를 무너트리기 위한 방해 공작을 계속했다. 게다가 힘겨운 망명 생활에 지친 임시정부 사람들 사이에서도 다툼이 일어났다.

이승만 대통령은 임시정부를 잘 이끌지 못하고 미국으로 돌아가 버렸다. 남은 사람들 사이에서는 독립운동을 하는 방도를 놓고 의견이 나뉘었다. 소련처럼 사회주의를 하자는 사람들도 생겨났고, 지금의 임시정부를 없애고 새로운 정부를 만들자는 세력도 생겨났다.

'적은 갈수록 강해지는데 우리끼리 싸우고 있을 때인가.'

김구는 적 앞에서 제풀에 무너져 가는 동지들의 모습이 실망스러웠다. 더구나 임시정부를 없애자는 주장은 도저히 그냥 둘 수 없었다. 그는 임시정부를 지키는 일에 나섰다. 그는 정부를 새로 만들자는 세력에게 해산 명령을 내렸다.

"나는 대한민국 내무총장으로서 정부를 무너트리려는 세력은 그 누구라도 용납할 수 없소. 정부를 해치는 모임이나 행위는 모두 반란으로 보고 엄벌에 처하겠소."

김구의 강력한 명령으로 소동이 가라앉기 시작했다. 이에 임시 의정원(오늘날의 국회)은 대통령 자리를 없애고 국무령(오늘날의 총리)이 정부를 이끌도록 헌법을 바꾸었다. 그런데 첫 국무령은 반년도 지나지 않아서 물러났고, 다음 국무령도 취임하자마자 금세 그만두었다. 국무령들은 생각이 다른 사람들과 단체들을 단결시키지 못했다.

임시정부는 지도자가 없어지고 말았다. 그러자 의정원 의장 이동녕이 김구를 찾아왔다.

"김 총장, 이러다가는 정부가 무너지고 말겠소. 이번에 의정원에서는 김 총장을 국무령으로 추대하기로 했소."

"저는 그런 막중한 일을 맡을 사람이 못 됩니다."

김구는 이동녕의 말에 깜짝 놀라며 손사래를 쳤다. 이동녕이 이내 되물었다.

"뭐가 안 된다는 말씀이오?"

"저같이 배움 없는 상놈이 어찌 국무령이 되겠습니까."

"요즘 같은 세상에 그게 무슨 말씀이오. 그동안 정부를 단단하게 지켜 온 김 총장만이 이 어려움을 이겨 낼 수 있습니다."

"그래도……."

"부디 우리 정부를 부탁하오."

이동녕의 끈질긴 설득에 김구는 결국 국무령 취임을 받아들였다. 1926년 12월, 그는 국무령에 취임했다. 그가 국무령이 되자 많은 사람이 임시정부를 지지하며 따랐다. 김구는 정부 조직을 새롭게 바꾸고 살림을 꾸리는 데 온 힘을 기울였다.

정부가 새로 만들어지자 김구는 헌법을 바꿔 정부 대표를 주석으로 고쳤다. 그는 이동녕을 주석으로 내세우고 자신은 예전의 내무총장 자리인 내무장으로 되돌아갔다. 그는 높은 자리보다 임시정부를 지키고 유지하는 데 힘을 쏟으려 한 것이다.

김구와 동지들의 노력으로 정부는 유지되었지만, 정부 살림살이는 나날이 어려워져 갔다. 정부 운영비는 말할 것도 없고, 세 들어 있던 건물 임대료조차 내지 못할 때가 많았다.

한때 임시정부에는 자리가 비좁을 만큼 사람들이 들락거렸다. 국내와 일본, 그리고 멀리 미국에 있던 사람들도 상하이로 몰려왔다. 국내와 해외에서 보내 주는 성금도 적지 않았다. 그러나 일본의 탄압이 이어지자 사람들은 하나둘 이곳을 떠났다. 의정원 부의장 정인과나 군무부 차장 김의선 같은 사람까지 일본에 투항했다. 독립신문사 사장이던 소설가 이광수도 일본에 손을 들고 국내로 돌아갔다. 가난한 상하이 동포들은 임시정부를 도울 여유가 없었다.

얼마 남지 않은 임시정부 요인들은 끼니조차 잇기 어려운 형편이 되었다. 김구도 마찬가지였다. 그는 동포의 집을 돌아다니며 하루에 한두 끼를 겨우 얻어먹었다. 어떤 날은 종일 굶다가 쓰레기통에 버려진 배추 잎을 주워 먹기도 했다. 여기저기 기운 옷에 비쩍 마른 그의 모습은 거지가 따로 없었다.

5월 초순의 깊은 밤, 김구는 임시정부의 집무실에서 홀로 앉아 있었다. 책상 위에는 방금 끝낸 원고가 가지런히 놓여 있었다. 빽빽한 붓글씨 원고의 첫 줄에는 '백범일지'라는 제목이 붙어 있었다.

'내 살아온 쉰세 해를 기록하는 데만도 지난 일 년이 꼬박 걸렸구나.'

김구는 원고를 손으로 쓸어 보며 생각에 잠겼다. 어머니와 함께 고국으로 돌아간 두 아들의 얼굴이 떠올랐다. 아이들을 생각하자 그는 가슴이 아렸다.

'아이들아, 이 아비가 살아온 삶은 초라하기 짝이 없지만 너희에게 들려주고 싶었다.'

김구는 종이 한 장을 꺼내 펼쳐 놓고 붓을 들었다. 그는 '인과 신 두 아들에게'라고 적고 난 뒤, 언제 보낼지 알 수 없는 편지를 쓰기 시작했다.

지금 일지를 기록하는 것은 너희들로 하여금 나를 본받으라는

것이 결코 아니다. 나를 본받을 필요는 없지만, 너희들이 성장하여 아비가 지내 온 시간의 일들을 알 곳이 없기 때문에 이 일지를 쓰는 것이다.

그는 두 아들에게 보내는 편지를 마치고 원고의 맨 앞에 붙였다. 그러고 나니 동쪽 하늘이 부옇게 밝아 오고 있었다. 그에게 '백범일지'는 유서나 마찬가지였다. 그는 일본과 목숨을 건 싸움 속에서 자기 일생을 정리하는 심정으로 '백범일지'를 썼다.

형편이 더욱 어려워진 임시정부는 김구에게 정부 살림을 관리하는 재무장(오늘날의 재무부 장관)을 맡겼다. 그는 기꺼이 그 책임을 받아들였다.

'정부가 셋집에서 쫓겨나게 둘 순 없어. 무슨 방도가 없을까.'

김구는 고민 끝에 늘 자신을 도와주는 엄항섭과 안공근을 불렀다.

"두 동지는 해외에 사는 동포들의 주소를 아는 대로 모아주시오. 많으면 많을수록 좋소."

"무슨 일로 그러십니까?"

"정부를 살릴 길은 동포들의 힘밖에 없소. 나는 그들에게 마음으로 호소할 생각입니다."

"그렇다면 저희도 마땅히 힘을 보태야지요."

두 사람이 김구의 의견에 찬성했다. 그때부터 김구는 틈만 나면

책상에 앉아 편지 쓰기에 열중했다. 편지를 한꺼번에 인쇄할 수도 있었지만 그는 한장 한장 손수 썼다. 그가 편지 한 장을 마치면 엄항섭과 안공근이 봉투에 주소를 쓰고 우체국으로 가서 부쳤다. 김구의 편지는 미국의 뉴욕, 시카고, 샌프란시스코, 하와이로 날아갔다. 미국뿐만 아니라 멀리 멕시코와 쿠바까지 갔다.

"대한의 독립은 미국, 소련, 중국 그 어느 나라의 지도나 도움으로 될 수 없습니다. 오로지 우리 민족의 자주적인 힘으로 해 나가야 합니다. 우리가 스스로를 업신여긴다면 다른 사람도 우리를 업신여길 것입니다. 우리 정부를 지키지 못한다면 우리에게는 미래도 없습니다. 동포들의 지지와 지원만이 우리 정부를 살리는 길입니다."

김구의 마음에서 우러나오는 호소는 해외 동포들의 마음을 울렸다. 동포들은 머나먼 타국에서 힘겨운 노동으로 살아가면서도 한 푼 두 푼 돈을 보내기 시작했다. 동포들의 성금으로 임시정부는 다시 유지될 수 있게 되었다.

동포들의 도움이 늘어났어도 김구는 여전히 밥을 얻어먹고 낡은 옷을 입고 지냈다. 그는 조금이라도 돈이 생기면 한 푼도 쓰지 않고 낡은 옷 속에 꿰매어 숨겨 두었다. 그의 헌 옷 곳곳에는 동포들이 보낸 성금이 단단히 바느질되어 있었다. 그는 원수의 심장을 겨누는 싸움을 위해 그 돈을 모으고 있었다.

'이 돈은 동포들의 피와 땀이다. 반드시 독립을 위해 쓰여야 한다.'

김구는 동포들의 마음이 담긴 성금을 어떻게 보람되게 쓸 것인지를 고민했다. 그의 마음속에 차츰 한 가지 목표가 생겨나기 시작했다.

적의 심장부를 향해 쏘다

김구가 일본과 싸움을 준비하고 있는 동안 아시아의 정세는 점점 나빠졌다. 일본은 조선 침략에 만족하지 않고 아시아 전체를 넘보았다. 일본은 먼저 중국을 노리고 중국인과 한국인 사이를 갈라놓으려 벼르고 있었다. 그러던 1931년 여름, 중국 지린성 만보산 근처에서 중국과 조선 농민 사이에 다툼이 생겼다. 조선 농민이 만들던 수로를 중국 농민들이 부숴 버린 것이다. 일본은 이 사건을 놓치지 않았다.

"만주에서 중국 농민과 경찰이 조선 농민을 때려죽이고 있다!"

일본은 거짓 정보를 퍼트려 신문에 크게 실리도록 조작하였다. 이 소식을 들은 조선인들은 크게 흥분하였다. 평양을 비롯한 여러

도시에서 조선인들이 중국인을 살해하고 집을 불태우는 사건이 이어졌다. 이 일로 중국인과 조선인 사이는 크게 나빠졌다.

일본은 다시 그해 가을에 자기들이 만주에 건설했던 철도를 스스로 폭파했다. 일본은 이를 중국에게 뒤집어씌우고 만주를 침략했다. 얼마 지나지 않아 만주는 일본군에게 점령당했다.

김구는 만보산 사건과 일본의 만주 침략을 보고 누구보다도 놀랐다. 그는 동포들의 행동이 부끄러웠고, 거짓 소문을 꾸며 낸 일본의 악랄함에 치를 떨었다. 그는 오랫동안 준비하고 있던 작전을 시작할 때가 되었음을 느꼈다.

1931년 늦가을, 김구는 동지들과 함께 '한인애국단'이라는 조직을 만들었다.

"그동안 우리는 독립운동을 한다고 했지만 일본과 싸울 군대가 없었습니다. 한인애국단은 임시정부의 특별 임무를 맡은 군대가 되어야 합니다. 우리의 모든 힘을 모아 원수와 싸웁시다."

"언제든 명령만 내려 주십시오."

"우리는 나라를 위해 피를 흘릴 각오가 되어 있습니다."

단원들이 우렁차게 대답했다. 김구는 감격에 찬 눈길로 그들을 둘러보았다.

그즈음의 어느 날, 서른 남짓의 남자가 김구를 찾아왔다. 그 남자는 이봉창이라는 사람이었다. 이봉창은 일본에서 노동을 하며 살

다가 상하이로 왔다고 했다. 이에 김구가 물었다.

"무슨 일로 나를 찾았소?"

"저는 지금껏 제 몸만 돌보며 살았으나 지금부터는 나라의 독립을 위해 죽고 싶습니다."

이봉창은 자신이 살아온 이야기를 차근차근 들려주었다. 김구는 이봉창의 이야기를 들으며 그가 진실한 사람임을 느낄 수 있었다. 그날 김구는 이봉창을 한인애국단으로 받아들였다.

"동지가 해야 할 일이 있소. 동지는 신분을 숨기고 때를 기다리시오."

"그렇다면 저는 일본인으로 행세하며 상하이에 머물러 있겠습니다."

이봉창은 신분을 숨기고 일본인 공장에 취직했다. 그는 월급을 받으면 술과 고기를 사 들고 임시정부를 찾아왔다. 그는 일본 옷에 게다를 신고 술에 취하면 일본 노래를 부르곤 했다. 그래서 사람들은 그를 '일본 영감'이라는 별명으로 불렀다. 그런데 그가 일본인 행색으로 드나들자 임시정부 요인들이 눈살을 찌푸렸다.

"그 사람이 왜놈 밀정인지도 모르는데 함부로 정부에 드나들게 하면 되겠습니까?"

"그 일은 나를 믿고 맡겨 주세요."

김구는 1년 가까이 이봉창을 내버려 두었다. 그동안 김구는 미국에 사는 동지들에게 연락하여 자금을 모았다. 그의 허름한 옷 속에는 어느덧 천 원이 넘는 큰돈이 모였다. 초라한 그의 몸속에 그런 큰돈이 있는 줄은 아무도 눈치채지 못했다. 한편으로 그는 중국군 무기 공장에서 장교로 근무하는 왕웅을 만나 폭탄을 구했다. 왕웅의 본래 이름은 김홍일이고, 독립군 출신 한국인이었다. 왕웅은 중국군에 근무하면서 임시정부와 김구를 돕고 있었다.

마침내 모든 준비가 갖추어지자 김구는 이봉창을 불렀다.

"동지, 이제 작전을 시작할 때가 왔소. 마음의 준비는 되었소?"

"물론입니다."

이봉창은 주머니에서 종이 한 장을 꺼냈다. 종이에는 힘찬 글씨로 '선언문'이라는 제목이 쓰여 있었다. 이봉창이 선서하듯이 오른손을 들고 그것을 읽었다. 김구도 따라서 손을 들어 올렸다.

"나는 모든 정성으로 조국의 독립과 자유를 회복하기 위하여 싸우는 한인애국단의 한 사람으로서 적국의 수괴를 처단하기로 맹세합니다. 대한민국 13년 12월, 이봉창."

선서가 끝나자 김구는 이봉창 앞에 폭탄 두 개를 내놓았다.

"하나는 일본 왕을 죽이기 위한 것이고, 또 하나는 자살용이오."

이봉창이 긴장된 눈빛으로 폭탄을 받아들었다. 김구가 다시 품속에서 무언가를 꺼냈다.

"그리고 이것은 이번 작전에 쓸 돈이오."

여기저기 헤지고 꼬깃꼬깃한 돈다발이었다.

"선생님께서 이 돈을 모으려고 얼마나 고생하셨을지 안 봐도 알 겠습니다."

"동지의 마지막 길이니 쓰고 싶은 대로 마음껏 쓰시오. 도쿄에 도착하면 또 보내리다."

"이토록 저를 믿어 주신 분은 선생님이 처음이자 마지막입니다."

이봉창은 김구의 손을 잡고 눈물을 글썽였다. 두 사람은 작별 사 진을 찍으러 사진관으로 갔다. 먼저 이봉창이 태극기 앞에서 가슴 에 선언문을 붙이고 두 손에 폭탄을 쥔 채 활짝 웃으며 사진을 찍었 다. 그리고 두 사람이 나란히 사진기 앞에 섰다. 그런데 김구의 표 정이 너무나 어두웠다.

"선생님, 우리가 곧 큰일을 이룰 터인데 기쁜 얼굴로 사진을 찍 어야지요."

그 말에 김구는 억지로 미소를 지었다. 그의 입술이 어색하게 일 그러졌다.

이봉창은 일본 조계로 가는 차에 올라 김구를 향해 머리를 숙였 다. 길가에 선 김구는 눈물을 참으며 손을 흔들었다. 차는 경적 소 리를 울리고 쏜살같이 달아나 버렸다. 김구는 차가 사라진 뒤에도 오랫동안 자리에서 떠날 줄을 몰랐다. 그리고 열흘쯤 지난 1932년 1월 8일, 상하이의 신문에는 놀라운 기사가 실렸다.

'한국인 이봉창이 일본 왕을 저격했으나 불행히도 명중하지 않았다.'

이봉창은 일본 왕의 마차가 거리를 지나갈 때 폭탄을 던졌다. 하지만 폭탄은 다른 마차를 부수고 일본 병사들에게 부상만 입히는 데 그치고 말았다. 이봉창은 도망치지 않고 "대한독립 만세!"를 외치며 당당하게 붙잡혔다. 김구는 이 뉴스를 읽고 숨이 턱 막혔다.

'아아, 왜놈의 왕을 죽이는 데 실패했구나. 하지만 이것만으로도 대한인의 정신을 충분히 발휘했으니 우리 계획은 성공한 것이다.'

김구는 이봉창을 생각하며 가슴이 찢어지는 아픔을 느꼈다. 중국 신문들도 이봉창의 실패를 크게 보도하면서 아쉬워했다. 이에 화가 난 일본군은 중국 신문사로 쳐들어가 인쇄기를 부수었다.

일본은 내친김에 중국인 폭력배들이 일본 중을 살해한 사건을 구실로 상하이를 침략했다. 일본군은 닥치는 대로 불을 지르고 수많은 시민을 무참하게 살해했다. 상하이 시내는 검은 연기와 붉은 피로 얼룩졌다. 김구는 일본군의 만행에 분노했다.

'너희의 죄악을 결코 용서하지 않으리라.'

김구는 몸을 피하지 않을 수 없었다. 그는 낮에는 안전한 곳에서 머물다가 밤이면 이 집 저 집을 돌아다니며 잠을 잤다. 그는 그런 중에도 또 다른 작전을 준비했다. 그는 일본의 심장부를 겨눈 이 싸움을 '의혈 투쟁'이라고 불렀다. 정의를 위해 피를 흘리는 싸움이라는 뜻이었다.

이봉창 의거가 있고 얼마 지나지 않아 이번에는 윤봉길이라는 사람이 김구를 찾아왔다. 윤봉길은 충청도 예산의 고향에서 농촌 운동을 하다 독립운동을 위해 상하이로 온 사람이었다.

"저는 이 순간을 오래 기다렸습니다. 제게도 의혈 투쟁에 목숨을 바칠 기회를 주십시오."

김구는 이봉창이 살아서 돌아온 것처럼 반가웠다. 그는 평소 학식이 있고 성실한 윤봉길을 눈여겨보고 있던 참이었다.

"옛말에도 뜻을 품으면 마침내 일을 이룬다고 하였소. 그렇지 않아도 새로운 작전에 나설 동지를 찾고 있던 참이었소."

김구는 윤봉길에게 작전에 대해 설명했다. 며칠 뒤인 4월 29일은 일본 왕의 생일이었다. 일본에서는 그 날을 천장절이라고 부르며 명절로 삼고 있었다. 그날 상하이의 일본군은 홍커우 공원에서 축하 행사를 열 예정이었다.

"일본군 사령관과 고위 관리가 그 자리에 모일 것이오. 우리의 목표는 바로 그들이오."

"그 말을 들으니 저의 가슴은 검은 구름이 걷히듯 상쾌합니다. 저에게 맡겨 주십시오."

윤봉길의 얼굴에서 자신감이 넘쳐흘렀다.

이번에도 김구는 왕웅에게 부탁했다. 왕웅은 무기 공장에서 도

시락과 물통 모양의 폭탄을 만들었다. 김구는 그 폭탄을 동포 집에 숨겼다. 그 사이에 윤봉길은 홍커우 공원으로 나가 현장을 살펴 두었다. 그리고 두 사람은 하루 전에 만나 선서식을 하고 함께 사진을 찍었다. 김구는 이봉창 때와는 달리 슬픈 표정을 짓지 않으려고 애썼다.

1932년 4월 29일의 날이 밝았다. 김구와 윤봉길은 한 동포의 집에서 아침밥을 함께 먹었다. 윤봉길의 표정은 너무도 편안해 보였다. 그때 일곱 시를 알리는 시계 종소리가 울렸다. 그러자 갑자기 윤봉길이 주머니에서 회중시계를 꺼내 김구에게 내밀었다.

"선생님의 시계를 보니 너무 낡았더군요. 그래서 어제 선서식을 마치고 나가 시계 하나를 샀습니다. 저에게는 새 시계가 필요 없으니 저와 바꾸시지요."

윤봉길은 김구의 손에 시계를 꼭 쥐어 주었다.

"윤 동지의 마음으로 알고 잘 간직하겠소."

김구는 눈시울을 붉히며 자신의 낡은 시계를 윤봉길에게 건넸다. 그런데 윤봉길은 차를 타고 떠나기 전에 다시 주머니에서 돈을 꺼내 김구의 손에 쥐어 주었다.

"이제 저에게는 이 돈도 필요가 없습니다."

"윤 동지……. 나중에 지하에서 다시 만납시다."

김구는 목이 메어 말이 나오지 않았다. 윤봉길은 머리를 한 번 숙이고는 차를 타고 떠났다. 그리고 그날 오후, 상하이의 신문사들은 긴급 뉴스를 찍어 거리에 뿌렸다.

'오늘 오후 홍커우 공원에서 열린 일본군 축하식에서 폭탄이 터져 시라카와 총사령관과 가와바다 상하이 일본인 단장이 현장에서 죽고 여러 고위 관료들이 크게 다쳤다.'

작전은 매우 성공적이었다. 윤봉길은 일본인으로 변장하고 행사장으로 들어가 폭탄을 단상 위로 정확히 던져 넣은 것이다.

'윤봉길 의사! 그대의 용기와 애국심은 영원히 기억될 것이오.'

김구의 마음속에는 작전에 성공한 기쁨과 함께 동지를 잃은 슬픔이 밀려왔다. 이봉창처럼 윤봉길은 일본에서 사형을 당하게 될 것이다.

'동지들, 의혈 투쟁만으로 독립을 이룰 수는 없겠지. 그러나 작은 힘으로 큰 효과를 거둘 길은 의혈 투쟁밖에 없다. 두 동지의 위대한 희생은 대한의 역사가 길이 기억할 것이다.'

김구는 두 사람의 마지막 모습을 떠올리며 속으로 눈물을 흘렸다. 그날부터 그는 가까운 동지들과 평소 알고 지내던 미국인 피치의 집에서 숨어 지냈다. 윤봉길의 의거 뒤 과연 일본 경찰은 임정 요인과 동포들을 닥치는 대로 붙잡아 갔다. 안창호도 아는 사람 집에 놀러갔다가 영문도 모른 채 끌려갔다. 일본 경찰은 조금이라도 의심스러운 동포의 집은 부엌의 아궁이까지 뒤지고 다녔다.

'나 때문에 여러 사람이 고생하는구나.'

김구는 이봉창과 윤봉길의 의거가 자신과 한인애국단이 한 일임을 밝히기로 했다. 그는 피치 부인의 도움을 받아 영어로 선언문을 써서 로이터 통신사로 보냈다. 그 소식은 곧 세계 여러 나라로 전파되어 보도되었다.

김구와 이봉창, 그리고 윤봉길이 이루어 낸 의거는 일본의 간담을 서늘하게 만들었다. 두 의거는 꺼져가는 것처럼 보이던 독립운동의 불씨를 새로 일구었다. 동포들은 대한민국 임시정부에 다시 큰 지지와 성원을 보내기 시작했다. 임시정부로 오는 성금이 크게 늘면서 정부의 사업은 활기를 되찾았다.

또한 세계는 대한민국이라는 나라의 처절한 독립 투쟁에 큰 관심을 갖게 되었다. 만보산 사건으로 갈라진 중국인과 한국인 사이의 얼어붙은 감정도 눈 녹듯이 풀렸다. 만주와 상하이를 빼앗기고 일본을 원수로 여기던 중국인들은 한국인의 의거에 환호를 보냈다. 중국의 지도자인 중앙군 총사령관 장제스도 윤봉길의 의거를 높이 치켜세웠다.

"중국의 30만 군사도 해내지 못한 일을 우리 한국 청년이 이루어 냈습니다."

장제스는 대한민국 임시정부와 그 지도자인 김구에 대해서도 깊은 관심을 가졌다. 또한 많은 중국인들이 임시정부를 돕고 성금을 보내주었다.

윤봉길 의거가 일어난 뒤 일본 경찰은 김구를 잡으려고 60만 원의 현상금을 내걸었다. 노동자들의 월급이 30원이던 시절에 그것은 엄청나게 큰돈이었다. 김구를 노리는 일본 경찰과 첩자들이 눈에 불을 켜고 돌아다녔다. 김구는 더 이상 상하이에 머물 수 없게 되었다.

김구는 동지들과 의논하고 상하이에서 가까운 자싱이라는 곳으로 몸을 피했다. 임시정부는 자싱보다 좀 더 멀리 떨어진 항저우로 옮겨 갔다. 정부의 요인들도 자싱과 항저우로 흩어질 수밖에 없었다. 중국 정부는 김구를 돕기 위해 자싱에 사는 주부청이라는 사람의 집을 제공해 주었다.

'지난 14년 동안 단 한 치도 벗어나지 않았던 프랑스 조계를 드디어 떠나는구나.'

상하이를 벗어나는 기차에 앉아 김구는 지난 일을 떠올렸다. 수많은 얼굴과 사건들이 창밖의 풍경처럼 스쳐갔다. 앞으로 자신과 임시정부가 어떻게 될지 아무런 기약도 할 수 없었다.

김구가 주부청의 집에서 지내고 있는데 어떻게 알았는지 일본 경찰의 밀정들이 자싱에 나타났다. 그는 다시 산골과 농촌으로 이리저리 피해 다녀야만 했다.

피신을 다니는 동안 김구는 모처럼 한가로운 시간을 가질 수 있었다. 그는 날마다 산과 바다로 산책을 다녔고, 중국 농부들과 어울렸다. 중국 농민들은 한창 모내기에 열중하고 있었다. 그들은 저수지나 강물을 끌어 와 논에 물을 채우고 줄을 맞춰 모를 심었다. 그들은 조상 대대로 이어 온 방법으로 요령 있게 농사를 짓고 있었다.

'조선은 오랫동안 중국을 따르면서도 왜 저런 농사법은 배우지 않고 몹쓸 풍습과 제도만 받아들였을까. 나라를 잃은 지금도 소련을 따른다, 미국을 따른다 하면서 남의 뒤꽁무니만 쫓으며 서로 다투고 있으니……. 남의 좋은 것은 배우되 우리나라 사람에게 맞게 만들려고 노력해야 해.'

그는 중국 농민들의 모습을 보면서 또다시 나라 걱정에 빠져들었다.

김구에게는 더욱 안전한 곳이 필요해졌다. 그는 다시 자싱으로 돌아와 난후라는 호수 위에 배를 띄우고 숨어 지냈다. 그는 배를 타고 강과 운하로 옮겨 다녔다. 그때 그를 도와주던 중국인이 뜻밖의 의견을 내놓았다.

"선생님은 홀몸이니 이번에 중국 여자와 결혼하십시오. 그게 신분을 숨기기에도 좋지요. 제가 중매를 서겠습니다."

"허허, 고마운 말씀이오만 나는 지금처럼 그냥 배에서 지내겠소. 그저 여자 뱃사공과 부부로 꾸미고 지내는 게 좋을 듯싶소."

김구는 주아이바오라는 여자 뱃사공과 부부로 위장했다. 모르는 사람들의 눈에 그는 한가로운 어부처럼 보였다. 하지만 그는 독립을 위한 활동을 쉬지 않았다. 그는 밤에는 배에서 자고 낮에는 배에서 내려 가까운 동지인 박찬익, 엄항섭, 안공근을 만나 일을 보았다. 그는 중국 정부와 외교를 벌이면서 흩어져 있는 임시정부를 어렵게 이끌어 나갔다.

기나긴 유랑

"어서 오십시오, 김구 선생. 얼마나 고생이 많습니까?"

중국의 지도자 장제스 장군은 함빡 웃으며 김구를 반겼다.

"대한민국 임시정부와 저를 물심양면으로 지원해 주셔서 대단히 감사드립니다."

"선생과 한인애국단의 놀라운 활동을 잘 알고 있습니다. 한국인의 용기에 감탄했습니다."

김구와 장제스는 중국의 임시 수도 난징에서 역사적인 회담을 가졌다. 한국과 중국을 대표한 지도자의 만남이었다. 서로 반갑게 인사를 나눈 뒤, 김구가 진지한 표정으로 말했다.

"장군과 단둘이 필담으로 이야기하고 싶습니다."

"좋습니다."

장제스가 기꺼이 허락하여 주위 사람들이 물러났다. 장제스는 붓과 종이를 김구 앞으로 건넸다. 김구는 종이 위에 거침없이 글을 써 내려갔다.

"장군께서 지원해 주신다면 한국, 일본, 만주에서 일본군에게 큰 타격을 입힐 수 있습니다."

"어떻게 말입니까?"

"지난 번 훙커우 공원보다 더 강력한 특공 작전을 대대적으로 전개할 생각입니다."

"좋습니다. 저에게 계획서를 보내 주시면 중국이 할 일을 생각해 보겠습니다."

장제스는 시원스레 대답했다. 두 사람은 한국과 중국이 굳게 협력하기로 다짐하고 헤어졌다. 김구는 곧 특공 작전 계획서를 장제스에게 보냈다. 얼마 뒤 장제스의 부하 장군이 김구에게 연회를 베풀면서 물었다.

"선생께서 보내 주신 계획을 잘 보았습니다. 그런데 일본 왕을 죽이면 다른 자가 뒤를 잇고, 일본 대장을 죽이면 다른 대장이 또 나오지 않겠습니까?"

"그렇다면……?"

"한국이 독립하려면 군인을 키워야 한다는 게 장제스 장군님의 생각입니다."

"장제스 장군께서 제 마음을 아시는구려. 큰 지원이 필요한 일이기에 차마 요청할 수는 없었지만 그것이야말로 내가 진실로 바라는 바요. 우리의 군대로 일본과 싸워 독립을 이루는 게 나의 오랜 꿈이오."

김구는 크게 반겼다. 중국 정부는 곧 뤄양의 중국군 중앙군관학교에 한국 독립군 훈련반을 만들었다. 김구는 곳곳에 흩어져 있던 독립군을 불러 모았다. 독립군 부대를 이끌던 이청천과 이범석이 앞장섰고, 수백 명의 독립군이 뤄양으로 모여들었다. 이청천과 이범석이 훈련반의 교관을 맡았다.

김구가 중국 정부와 외교 활동을 벌이고 있던 때, 한 가지 경사가 생겼다. 고국에 있던 어머니가 김구의 두 아들을 데리고 중국으로 돌아온 것이다. 어머니 곽낙원은 몇 해 사이에 많이 늙어 보였다. 큰아들 김인은 어느덧 늠름한 청년이 되었고, 작은아들 김신은 어엿한 소년으로 자랐다.

"어머니, 얼마나 고생이 많으셨습니까?"

김구의 물음에 어머니는 다른 말부터 꺼냈다.

"나는 지금부터 아범을 자네라고 부르겠네. 자네가 청년들과 큰일을 했다는 소식은 들었네. 자네는 내 아들이지만 남을 이끄는 사람이니 어른 대접을 해 주고 싶네. 우리야 고향에서 무사히 지냈네만 자네야말로 목숨을 보전하느라 애썼네."

"어머님도 참······."

김구는 어머니의 깊은 마음에 절로 머리가 숙여졌다. 어머니는 고향에서 겪은 일본 경찰의 감시와 괴롭힘을 대수롭지 않게 이야기했다. 김구는 나이가 들었어도 여전히 여걸 같은 어머니를 보고 안심이 되었다. 그는 어머니와 아이들을 위해 작은 집을 구해 주고 자신은 여전히 배 위에서 지냈다.

김구가 자싱에 있는 동안 항저우의 임시정부는 임자 없는 배처럼 표류하고 있었다. 독립운동가들은 오래도록 정처 없이 떠돌며 지칠 대로 지쳤다. 게다가 독립운동의 방법을 놓고 사람들이 이 당 저 당으로 갈라졌다. 심지어는 허울뿐인 임시정부를 없애자는 주장도 나왔다. 그러던 어느 날, 항저우에 있던 동지 조완구가 김구에게 급한 소식을 전해 왔다.

"지금 국무위원들마저 정부를 떠나 정당과 단체로 흩어지고 있습니다. 이러다가는 정부가 사라지게 생겼습니다."

김구는 서둘러 사람들을 자싱으로 불러 모았다. 그는 난후 호수에 배를 띄우고 의정원 회의를 열었다. 김구 일행은 일본의 감시를 피해 뱃놀이를 하는 것처럼 꾸미고 있었다.

"임시정부는 민족의 뜻을 모아 세워졌습니다. 정부를 지키는 일은 동포들이 우리에게 지워 준 의무입니다. 적과 싸워 보지도 않고 우리 스스로 무너질 수는 없습니다."

김구의 생각은 한결같았다. 그는 임시정부의 수호자가 되겠다는 결심을 잊은 적이 없었다. 그의 간절한 호소에 분위기가 숙연해졌다.

"선생의 말이 백번 옳소. 남은 우리라도 힘을 모아 끝까지 정부를 지켜나갑시다."

임시정부의 어른격인 이동녕이 말했다. 그러자 다른 사람이 의견을 내놓았다.

"임시정부를 지원하고 지키기 위해 우리도 당을 만들어야 합니다."

"옳습니다."

너도나도 뜻을 같이했다. 그날 회의로 김구가 중심이 되어 한국국민당이 만들어졌다. 한국국민당은 임시정부에서 갈라져 나가려는 정당이 아니라 임시정부를 지키려는 정당이었다.

김구를 잡으려는 일본의 추적은 계속되었다. 일본 경찰들은 그를 잡지 못하면 암살하라는 명령을 받고 있었다. 그는 피난처를 난징으로 옮겼지만 그곳도 위장한 일본 경찰들이 이 잡듯이 뒤지고 다녔다. 그는 이번에는 고물상으로 꾸미고 여자 뱃사공 주아이바오와 여전히 부부 행세를 하며 지냈다.

1937년, 마침내 일본은 중국에 전쟁을 선포했다. 1932년에 이미 만주를 점령했던 일본은 거세게 중국으로 쳐들어왔다. 베이징과

톈진과 상하이가 일본군에게 넘어갔고, 중국의 임시 수도 난징마저도 무너질 참이었다. 난징에는 일본 공군의 폭격이 쉬지 않고 이어졌다.

김구가 살던 집도 폭격을 맞아 무너졌다. 그가 벼락같은 소리에 놀라 깨어나니 방의 천장이 무너져 내리고 있었다. 그가 벌떡 일어나 방 밖으로 뛰쳐나가자마자 방이 폭삭 가라앉아버렸다. 겨우 목숨을 구한 그는 다른 방에서 자고 있던 사람들을 깨워서 간신히 구해 냈다.

중국 정부는 난징을 포기하고 대륙 서쪽에 깊숙이 자리 잡은 충칭으로 수도를 옮겼다. 김구도 서둘러 한국인 단체들과 동포들을 불러 모았다.

"왜적이 목전까지 들이닥쳤으니 우리는 이제부터 한 몸처럼 움직여야 합니다."

김구는 한국국민당을 중심으로 여러 당과 단체를 모아 한국광복운동단체연합회를 만들었다. 그는 충칭으로 떠나기로 결정했다. 백여 명이 넘는 일행은 몇 무리로 나누어 앞서거니 뒤서거니 양쯔강을 거슬러 오르는 배에 올랐다.

난징을 점령한 일본군은 수십만의 중국인을 무자비하게 학살했다. 일본군은 놀이라도 하듯 재미 삼아 사람을 죽이기까지 했다. 거리마다 주검이 산더미처럼 쌓였다. 피난길에 그 소식을 들은 김구는 가슴이 미어졌다. 뱃전에서 바라보는 양쯔강은 노란빛을 띠고 말없이 흐르고 있었다.

김구 일행은 후난성의 창사에 도착하여 임시로 자리를 잡았다. 그곳은 곡식이 풍부한 데다 마침 김구와 친한 중국 장군이 다스리는 지역이었다. 김구는 중국 정부와 해외 동포의 도움을 받아 피신 생활을 이끌었다. 그 덕분에 비록 풍족하진 않지만 굶주리지 않고 생활할 수 있었다.

창사에서 지내는 동안 김구의 어머니가 생일을 맞게 되었다. 그의 동지들이 생일상을 차려 주겠다고 나섰다. 그 말을 듣고 어머니 곽낙원이 말했다.

"생일상 차릴 돈을 모두 나한테 주시오. 내가 먹고 싶은 음식을 스스로 해 먹겠소."

동지들이 곽낙원에게 돈을 모아 주었다. 며칠 뒤 곽낙원은 동포 청년들을 집으로 불렀다. 곽낙원은 말없이 청년들 앞에 권총 한 자루를 내놓았다.

"웬 총입니까?"

청년들이 깜짝 놀라며 웅성거렸다.

"지난번에 모아 준 돈으로 샀소. 이 총을 왜놈과 싸우는 데 쓰시오."

"아니 그 돈이 얼마나 된다고 총을 살 수 있었습니까?"

"내가 한 푼 두 푼 모은 돈을 보탰으니 어서 받아요."

곽낙원의 말에 웅성거리던 소리가 뚝 그쳤다. 한 청년이 권총을 집어 들었다.

"어머님의 마음을 잘 알겠습니다. 이 총은 소중하게 쓰겠습니다."

"고맙구려."

곽낙원은 가벼운 미소를 지었다.

'과연 그 어머니에 그 아들이로구나!'

청년들은 집을 나오며 똑같은 생각을 떠올렸다.

김구는 어려운 피신 생활 속에서도 독립운동 세력을 하나로 모을 생각을 하고 있었다. 어려운 시절이다 보니 많은 사람이 그의 뜻에 따랐다. 그는 생각이 가까운 정당부터 먼저 합치기로 했다. 그가 이끄는 한국국민당이 나서고 한국독립당과 조선혁명당이 뜻을 모았다. 마침내 조선혁명당 사무실인 남목청에서 합당을 위한 회의가 열렸다.

"오늘은 기쁜 날이니 축배부터 듭시다."

"그럽시다."

세 당의 지도자들은 술잔을 높이 들어 올렸다. 그 순간 갑자기 권총을 든 청년이 문을 박차고 뛰어들었다.

"모두 꼼짝 마라!"

청년은 고함을 지르며 총을 쏘기 시작했다. 탕, 탕, 탕……. 회의장은 순식간에 아수라장이 되었고 여기저기서 비명 소리가 울렸다. 김구는 한순간 가슴에 따끔한 통증을 느꼈다. 그는 무슨 일이 벌어졌는지 영문도 모른 채 정신을 잃었다.

김구는 눈부시게 쏟아지는 전등 불빛에 눈살을 찌푸렸다. 자신이 침대 위에 누워 있고 곁에 엄항섭이 서 있는 게 보였다.

"여기가 어디요?"

"선생님! 드디어 깨어나셨군요."

엄항섭이 환하게 웃으며 김구에게 다가왔다.

"무슨 일이오? 여기는 어디고, 내가 왜 침대에 누워 있소?"

"약간의 소란이 있었습니다. 여기는 샹야의원 입원실입니다."

엄항섭은 김구에게 그동안 일어났던 일을 보고했다. 남목청에서 회의가 열리고 있을 때 이운환이라는 청년이 권총을 들고 뛰어들었다. 이운환은 일본 첩자들의 조종을 받고 김구와 독립운동가들을 노렸던 것이다. 그날 사고로 한 사람이 죽었고, 여러 명이 다쳤다. 김구도 가슴에 총격을 받고 큰 상처를 입었다. 사람들이 그를 샹야의원으로 싣고 갔을 때, 의사는 고개를 가로저었다.

"이 상태로는 살 가망이 없습니다. 장례 준비나 하세요."

그러나 병원 문 앞에 대기하고 있던 김구는 서너 시간이 지나도 숨을 거두지 않았다. 동지들이 의사를 붙들고 소리쳤다.

"이분은 대한민국 임시정부의 최고 지도자요. 이분을 반드시 살려야 합니다."

그제야 의사는 김구를 치료하기 시작했다.

며칠 뒤, 김구는 의식을 되찾았다. 홍콩에 있던 동지 안공근과 큰 아들 김인은 김구가 죽었다는 전보를 받고 달려왔다. 두 사람은 살아 있는 김구를 보고 가슴을 쓸어내렸다. 김구가 입원해 있는 동안 장제스는 위로 전보와 치료비를 보내 주었다. 어머니 곽낙원은 살아 돌아온 김구에게 밥을 차려 주면서도 담담한 표정이었다.

"자네의 목숨을 하느님께서 돌보네그려. 악한 것이 옳은 것을 이기지 못하는 법이지."

김구는 어머니의 말을 들으며 아직도 조금 불편한 가슴을 쓸어보았다. 그의 오른쪽 갈비뼈 안쪽에는 권총 탄환이 박혀 있었다. 그는 의사가 했던 말을 떠올렸다.

"다행히도 탄환이 심장을 조금 빗나가 생명을 건졌습니다. 그 탄환이 혈관을 따라 오른쪽 갈비뼈 쪽으로 옮겨갔군요. 수술을 할 수도 있지만 그대로 두어도 생명에 지장은 없습니다."

"허허, 하늘이 내게 더욱 열심히 살라고 한 번 더 생명을 주었나 봅니다."

김구는 껄껄 웃으며 탄환을 몸에 지니고 살기로 했다. 하지만 탄환이 혈관을 눌러서 한동안 오른쪽 다리를 절고 다녔다.

남목청 사건으로 세 당의 통합은 연기되었다. 그 사이 일본군의 공격은 더욱 거세졌다. 창사에도 일본 전투기가 나타나 밤낮으로 폭격을 가했다. 김구는 임시정부와 동포들을 충청으로 옮기기로 결정했다. 백 명이 넘는 식구들이 다시 이삿짐을 이고 지고 길을 나섰다.

여름에 창사를 떠난 김구 일행은 남쪽의 광저우를 거쳐 다시 서쪽의 유저우로 갔다. 그사이 두 계절이 지났다. 그들이 쓰촨성의 치장에 도착했을 때는 어느덧 봄이었다. 언제 끝날지 모르는 기나긴 유랑이었다. 그런데 도중에 김구의 어머니 곽낙원이 몸져눕고 말았다. 나이든 몸으로 오래 떠돌다 보니 병이 난 것이다. 어머니는 병상에 누워 김구를 불렀다.

"나는 일어나지 못할 것 같네. 독립을 못 보고 떠나는 게 원통할 뿐이네. 자네는 부디 살아서 나라의 독립을 보도록 하게. 그때 내 유골과 인이 어미 유골을 고향에 묻어 주게나."

김구는 말없이 어머니의 유언을 들었다. 곽낙원은 자신의 말대로 다시 일어나지 못하고 여든한 살의 나이로 숨을 거두었다.

"아아, 어머니!"

김구는 곽낙원을 붙들고 오열했다. 한평생 모진 고생을 견뎌 내야 했던 어머니를 생각하니 가슴이 찢어지는 것 같았다. 어머니의 일생은 조국의 운명만큼이나 기구했다. 그는 아내와 마찬가지로 어머니 또한 낯선 땅에 묻었다.

어머니를 여읜 슬픔 속에서 김구는 다시 정당을 통합하는 일에 나섰다. 마침 독일이 폴란드를 침공하면서 제2차 세계대전이 일어났다. 일본 또한 중국뿐 아니라 아시아 전체를 노리기 시작했다. 침략주의 세력에 맞서기 위해서는 사상이 다르더라도 힘을 합쳐야 할 때였다.

많은 사람이 김구의 생각을 지지했지만 반대하는 사람도 있었다. 반대자들의 주장은 과격한 사상을 가진 사람들과는 함께 일할 수 없다는 것이었다. 그러나 김구는 다르게 생각했다.

"독립을 바라는 마음만 같다면 누구와도 힘을 모을 때입니다. 독립을 위해 싸우는 사람은 누구라도 우리 임시정부에 들어올 수 있어야 합니다."

김구는 이런 말로 반대자들을 설득했다. 마침 조선민족혁명당의 지도자 김원봉이 김구의 생각에 동의했다. 김원봉은 일본군과 무력으로 맞서는 조선의용대를 이끌고 있기도 했다. 김원봉은 자본주의를 폐지하려는 사회주의 사상에도 깊이 공감하고 있었다. 그 때문에 사회주의를 반대하던 사람들은 김원봉을 멀리할 수밖에 없었다. 그러나 김구는 기꺼이 김원봉을 만났다.

"민족이 있고 나라가 있어야 사상도 있는 것 아니겠소?"

"저 역시 나라의 독립이 무엇보다도 시급한 과제라고 생각합니다."

"그렇다면 우리는 함께 해야 마땅하오."

두 사람은 독립 투쟁을 위해 임시정부에서 협력하기로 약속했다. 그러나 그 약속은 곧바로 이루어지지 않았다. 아직은 서로의 생각이 크게 달랐고, 두 사람 주위에서도 의견이 분분했다. 두 사람은 나중을 기약하고 헤어졌다.

김구는 우선 남목청 습격 사건으로 중단된 세 당의 통합에 나섰다. 그 결과 1940년 5월에 한국국민당, 조선혁명당, 한국독립당이 합쳐져 새로운 한국독립당이 만들어졌다. 김구는 당을 대표하는 중앙집행위원장에 뽑혔다.

그해 봄, 임시정부는 마침내 충칭에 도착하여 자리를 잡았다. 김구는 충칭에서 조금 떨어진 곳에 터를 얻어 동포들이 살 마을도 만들었다. 김구는 임시정부 건물 앞에서 펄럭이는 태극기를 바라보며 깊은 감회에 젖었다.

'비록 낡고 초라할지라도 우리 정부가 오랜만에 둥지를 틀었구나. 세 당도 통합되고 정부도 안정되었으니 지금이야말로 그 일을 하기에 딱 좋을 때다.'

김구의 마음속에는 오래도록 간절하게 벼르고 있던 계획이 있었다. 그것은 대한의 국군을 만드는 일이었다.

꿈에도 그리던 해방이 찾아왔건만

"중국 정부는 한국광복군 창설을 지지하지만 반드시 중국군의 지휘를 받아야 합니다."

"안 될 말이오. 광복군은 중국군에 속할 수 없는 우리 군대요. 우리는 미군이나 중국군처럼 연합군의 자격으로 싸우고 싶소."

"그건 중국 정부가 할 수 있는 일이 아닙니다."

중국군 장군과 김구의 대화는 평행선을 달리고 있었다. 누군가 양보하지 않으면 합의에 이르기 어려워 보였다. 김구는 새삼스레 남의 땅을 떠도는 설움을 느꼈다.

'우리 임시정부가 국제사회에서 승인받지 못하는 게 문제로구나.'

김구는 마음을 굳게 먹고 단호하게 말했다.

"그렇다면 우리는 더 이상 중국 정부의 지원을 바라지 않겠소."

김구는 마지막 말을 남기고 일어섰다. 그는 우리 동포의 힘으로 한국광복군을 만들기로 했다. 그것만이 광복군이 대한의 국군으로 떳떳하게 설 수 있는 길이었다. 그는 이청천, 이범석 같은 독립군 장군과 일을 시작했다. 그는 여러 독립군 부대와 중국군에 흩어져 있는 한국 청년들을 불러 모았다. 해외 동지들과도 연락하며 자금을 모았다.

1940년 9월 17일, 김구는 대한민국 임시정부를 대표하여 한국광복군의 창설을 선언했다.

"오늘 우리는 한국광복군이 창설되었음을 세계에 알립니다. 한국광복군은 중화민국과 함께 공동의 적 일본 제국주의를 타도하기 위해 연합군의 일원으로 싸우겠습니다."

김구의 선언으로 시작된 광복군 창립 대회는 충칭의 자링빈관에서 성대하게 거행되었다. 그 자리에 중국 정부 대표들과 여러 나라의 외교사절이 참석하여 축하해 주었다.

김구는 광복군 총사령관에 이청천을 임명하고, 본부를 시안에 설치하였다. 광복군은 제1지대, 제2지대, 제3지대로 나뉘어 세 지역에 주둔하게 되었다. 광복군은 지대별로 교육과 훈련을 하며 다가올 독립 전쟁에 대비했다.

광복군이 만들어지면서 임시정부는 더욱 굳건해졌다. 그러나 김구는 이에 만족하지 않았다. 그는 독립 투쟁을 위해 정당과 단체가 하나로 뭉치게 하는 일을 포기할 수 없었다. 그는 강력한 일본과 싸워 이기려면 동포들의 모든 힘을 임시정부로 모아야 한다고 보았다. 그는 먼저 임시정부의 건국 강령을 만들어 발표했다.

"독립된 대한민국은 정치적으로 균등하고, 경제적으로 균등하고, 교육적으로 균등한 사회가 되어야 합니다. 이를 바탕으로 대한민국은 세계에서 앞서 나가는 민주적이고 복지적인 나라가 되어야 합니다."

건국 강령은 독립을 이룬 뒤에 어떤 국가를 세울지에 대한 임시정부의 생각을 담고 있었다. 그 속에는 여러 정치 세력을 묶어 낼 수 있는 공동의 목표가 들어 있었다. 김구는 건국 강령에 동의하는 정당과 단체는 임시정부에서 함께 일하자고 설득했다. 이번에는 김원봉도 적극적으로 나왔다.

"우리 조선민족혁명당과 조선의용대는 민족을 대표하는 임시정부를 적극 지지합니다. 우리는 기꺼이 임시정부와 광복군의 일원이 되겠습니다."

그리하여 조선민족혁명당을 비롯한 사회주의 정당들이 임시의정원에 참여하였다. 조선의용대는 한국광복군과 합쳐졌고, 김원봉은 광복군 부사령관을 맡았다. 새로 구성된 의정원에서는 임시정부를 대표하는 주석으로 김구를 선출하였다. 김구는 임시정부와 광복군을 통솔하고 한국독립당을 이끌면서 독립운동의 지도자로 우뚝 서게 되었다.

김구는 새 정부를 만든 뒤 감격에 찬 목소리로 선언했다.

"이제 임시정부는 모든 독립 세력을 지도하고, 세계에 우리 민족을 대표하게 되었습니다."

그 얼마 뒤 일본군은 미국 하와이의 진주만을 기습하여 함정을 부수고 미군을 죽였다. 그리고 곧이어 홍콩, 필리핀, 말레이시아를 공격했다. 이에 미국은 일본에 선전포고를 하고 연합국으로 전쟁에 참여했다. 아시아는 태평양전쟁의 거센 소용돌이 속으로 빠져들었다.

"우리 대한민국 임시정부는 인류의 평화를 지키기 위해 일본에 전쟁을 선포한다."

김구는 즉시 임시정부를 대표하여 일본에 선전포고를 하였다. 그는 지금이야말로 임시정부가 연합국과 힘을 합쳐 일본과 싸워야 할 기회라고 보았다.

"우리가 연합군이 되어야 전쟁에서 승리했을 때 당당한 독립국이 될 수 있습니다. 광복군은 대한의 미래를 위해 피와 땀을 아끼지 말아야 하겠습니다."

김구는 정부 요인들과 광복군 대원들을 독려하며 연합국과의 공동 군사 작전을 추진하기로 했다. 그런데 그 무렵 그의 큰아들 김인이 그만 폐병으로 세상을 떠났다. 그는 아내와 어머니에 이어 큰아들마저 타국 땅에서 잃었다. 김인은 스물여덟 살의 청년으로 아버지를 도와 군사 작전에 참여하고 있었다. 김구 곁에는 홀몸이 된 며느리 안미생과 어린 손녀, 그리고 둘째 아들 김신만 남았다.

큰아들을 잃은 슬픔 속에서 김구는 미국 전략 정보국(OSS) 중국 본부에 공동 작전을 제의했다. OSS도 김구의 제의를 적극 환영했다. 임시정부와 OSS는 광복군 대원을 뽑아 훈련시켜 국내에서 첩보 공작을 하기로 했다. 미국 측은 이 작전을 '독수리 작전'이라고 불렀다.

"나는 독수리 작전을 국내 진공 작전이라고 부르고 싶소. 우리 군대가 조국으로 들어가 적과 싸우게 되는 날이 오다니……."

김구는 독수리 작전을 승인하며 감격하여 말했다.

곧바로 OSS 특수 훈련이 시작되었다. 광복군 대원들이 너도나도 훈련을 받겠다고 나섰다. 그 가운데는 일본군 학병으로 끌려갔다가 탈출한 장준하와 김준엽 같은 청년들도 있었다. 그들은 일본군에서 탈출하여 죽음을 무릅쓰고 수천 리 길을 걸어 임시정부를 찾아 왔다. 모두 독립 전쟁에 목숨을 바칠 각오가 단단히 되어 있다. 대원들이 훈련을 받으러 시안과 푸양으로 떠나는 날, 김구는 그들 앞에서 작별 인사를 했다.

"여러분의 늠름한 모습이 보기 좋구려. 나도 젊다면 여러분과 함께 떠나고 싶소."

김구는 말을 멈추고 청년들을 천천히 둘러보았다. 그러고는 주머니에서 낡은 회중시계를 꺼내 들고 청년들에게 들어 보였다.

"이 시계는 십삼 년 전 오늘 윤봉길 의사가 죽을 곳으로 떠나면서 내게 남긴 것이오. 나는 이 시계를 한시도 몸에서 떼어 놓은 적이 없소. 오늘 그대들의 눈빛을 보니 그날 윤봉길 의사의 마지막 모습이 떠오르는구려."

김구는 더 이상 말을 잇지 못했다. 그의 볼을 타고 굵은 눈물이 흘러내렸다. 청년들도 따라서 눈물을 흘렸다.

"청년 동지 여러분, 우리 손으로 나라를 되찾기 위해 죽음을 두려워하지 맙시다."

"주석님, 저희에게 맡겨 주십시오."

대원들이 우렁찬 목소리로 대답했다. 김구는 눈물을 닦으며 환한 미소를 지었다.

OSS의 훈련은 쉬지 않고 석 달 동안 이어졌다. 대원들은 총검술과 사격을 익히고 맨몸으로 거센 강물을 건너고 절벽을 기어올랐다. 밧줄에 매달려 깎아지른 듯한 절벽을 내려가 페인트칠을 해 놓은 나뭇잎을 따오기도 했다. 한밤중에 비행기에서 낙하하는 훈련도 여러 번 있었다. 그러나 그 힘든 훈련에서도 낙오하는 대원이 없었다. 첫 훈련은 아주 성공적이었다.

1945년 8월 5일, OSS의 첫 훈련이 끝나자 김구는 이청천 총사령관과 시안으로 갔다. 김구는 대원들을 만나고 OSS의 윌리엄 도노반 장군과 공동 작전에 대해 의논했다.

"주석님, 이 순간부터 미국과 대한민국의 비밀 작전이 시작되었음을 보고 드립니다."

"오늘은 역사적인 날이구려. 앞으로 작전은 어떻게 진행되오?"

"대원들에게는 각종 비밀 무기와 무전기가 지급됩니다. 대원들은 곧 산둥반도에서 잠수함을 타고 한국으로 들어갑니다. 그들은 여러 지역으로 흩어져 첩보 활동과 파괴 공작으로 일본군을 교란시킬 것입니다."

"참으로 기대가 큽니다. 그런데 내게 한 가지 생각이 있소."

"말씀해 보십시오."

"광복군과 미군이 먼저 제주도를 탈환하는 것이오. 그러면 우리는 그곳을 거점으로 삼아 국내로 진입하겠소. 우리는 애국 동포들을 모아 일본과 싸우며 연합군의 길을 트겠소."

"좋은 의견입니다. 적극 검토하겠습니다."

이렇게 임시정부와 OSS는 손발을 맞춰 공동 작전을 순조롭게 진행하고 있었다. 광복군 대원들은 국내로 들어갈 시간만 기다리고 있었다. 김구에게 일본을 무너트릴 희망이 보이기 시작했다. 그는 걱정과 기대로 밤잠을 설쳤다.

그런데 해방은 예상하지 못한 순간에 찾아왔다. 아시아를 삼킬 것 같던 일본의 기세는 중국의 끈질긴 저항과 미국의 전쟁 참가로 무너지기 시작했다. 미국은 일본의 히로시마와 나가사키에 두 번에 걸쳐 원자폭탄을 터트렸다. 도시는 순식간에 파괴되었고 수십만 시민이 희생되었다.

1945년 8월 15일, 일본 왕은 연합군에 무조건 항복을 선언하였다. 김구는 일본의 항복 소식을 그보다 며칠 앞서 중국의 한 장군에게 들었다. 그는 도무지 믿기지도 실감이 나지도 않았다. 그는 시안에서 일본 왕의 항복 소식을 듣고서도 여전히 어안이 벙벙했다.

'아아, 왜적이 끝내 무너졌단 말인가. 그렇다면 우리 조국이 해방된 것인가.'

김구는 지그시 눈을 감고 의자에 앉아 있었다.

"대한 독립 만세!"

"만세!"

임시정부 요인들과 동포들은 만세를 부르며 서로 부둥켜안고 덩실덩실 춤을 추었다. 그러나 김구는 기쁜지 슬픈지 모를 묘한 기분이 들었다.

'조금만 더 시간이 있었더라면 우리 손으로 해방을 이룰 수 있었는데……. 앞으로 조국의 운명은 어떻게 될까.'

김구는 해방의 감격과 함께 나라의 앞날에 대한 걱정에 사로잡했다. 조국의 해방은 하루 종일 춤을 추어도 좋을 만큼 기뻤다. 하지만 그는 우리 손으로 해방을 이루지 못한 아쉬움을 지울 길이 없었다. 당장 눈앞에 닥쳤던 국내 진공 작전은 물거품이 되었다. 그는 이청천 총사령관을 불렀다.

"일본이 항복했으니 우리 정부가 나라를 인수해야 하오. 광복군 대원을 정진대로 뽑아 서둘러 국내로 보냅시다."

"그렇지 않아도 벌써 미국 측과 준비하고 있었습니다."

광복군 대원과 OSS 요원이 탄 비행기가 시안을 떠나 8월 18일 정오에 서울 여의도 비행장에 도착했다. 비행기가 착륙하자마자 일본군이 비행기를 물샐틈없이 포위했다. 미군의 버드 대령이 일본군 사령관을 향해 말했다.

"일본 왕은 이미 연합군에 항복했다. 우리는 항복을 접수하는 예비 대표로 왔다."

"우리는 모르는 일이다. 도쿄 정부에서 아무런 명령도 없었으니어서 돌아가라."

일본군 사령관은 더 이상 대화를 하려고 하지 않았다. 일본군은 탱크와 박격포까지 동원하여 정진대를 협박했다. 정진대는 그곳에서 28시간을 기다리다 결국 시안으로 되돌아왔다. 정진대가 그냥 돌아오자 김구는 임시정부의 귀국을 결심했다.

"우리 정부가 하루빨리 조국으로 돌아가 동포들을 만나고 독립을 준비해야겠소."

김구는 선발대를 뽑아 상하이의 미군 측과 임시정부 귀국을 의논하게 했다. 그런데 미군은 얼마 전과 달리 임시정부에 대해 완전히 달라진 태도를 보였다.

"미국 정부는 대한민국 임시정부를 한국의 정부로 인정하지 않기로 했습니다."

"뭐라고요? 임시정부는 동포들의 피와 땀으로 27년을 이어 온 대한의 정부입니다."

"아무튼 김구 주석과 임시정부 요인들은 각자 개인 자격으로 돌아가십시오."

"개인 자격으로요?"

"그렇소. 그게 미국 정부의 결정이오."

미국 담당자의 말에 선발 대원들은 분노했다.

"어떻게 지켜 온 임시정부인데 하루아침에 찬밥 신세가 된단 말인가."

선발 대원들은 원통한 마음을 억누르며 미국 측을 설득하려고 무진 애를 썼다. 하지만 미국 측의 대답은 한결같았다. 그러는 사이에 두어 달이 훌쩍 지나가버렸다.

일본이 항복하기 전까지 미국은 대한민국 임시정부를 같은 편으로 여겼다. 미군이 한반도와 동아시아에서 일본군을 이기려면 그곳 지리와 사정을 잘 아는 광복군 같은 군대가 필요했다. 미군이 광복군과 특공 작전을 준비한 것도 그런 까닭이었다. 그런데 일본이 생각보다 쉽게 항복하자 미국의 생각이 변하게 된 것이다.

일본이 항복한 뒤, 미국은 이제 한반도를 놓고 소련과 다투게 되었다. 미국과 소련은 협상을 벌여 38도선을 기준으로 한반도 남쪽은 미군이, 북쪽은 소련군이 점령하기로 했다. 미군은 9월 9일에 남한으로 진주하여 군정청이라는 기관을 세워 직접 통치하기 시작했다. 그래서 미국은 대한민국 임시정부를 인정하지 않았다.

'미국이 어떻게 나오든 우리는 해방된 조국 땅으로 돌아가야 한다.'

김구는 선발대의 보고를 듣고 개인 자격으로라도 귀국하기로 결정했다. 그는 일단 조국으로 돌아가 새 국가를 건설하는 데 나서는 게 좋겠다고 생각했다. 그의 결정으로 임시정부는 충칭의 살림살이를 정리했다. 김구가 떠나기 전 장제스는 물론이고 중국 공산당에서도 성대한 환송회를 열어주었다.

1945년 11월 23일, 김구와 임시정부 요인들은 상하이 비행장에서 미군 수송기에 올랐다. 수천 명의 동포들이 태극기를 흔들며 김구 일행을 환송했다. 김구는 비행기에 오르며 모자를 벗고 동포들을 향해 인사를 보냈다.

'드디어 조국으로 돌아가는구나.'

김구는 비행기 좌석에 앉아 지난 27년의 중국 생활을 돌이켜 보았다. 그의 머릿속에 임시정부가 탄생했던 장면부터 충칭을 떠나올 때까지의 기억들이 밀물처럼 몰려들었다. 감격과 분노와 눈물과 슬픔이 가슴속에서 엇갈렸다.

미군 수송기는 요란한 프로펠러 소리를 내며 바다 위를 날았다. 얼마나 지났을까. 누군가가 소리를 질렀다.

"조국 땅이 보인다!"

사람들이 저마다 고개를 돌려 창밖을 내다보았다. 멀리 검푸른 바다 위로 섬과 육지가 희미하게 내려다보였다. 그러자 누군가 낮은 목소리로 애국가를 부르기 시작했다.

"동해물과 백두산이 마르고 닳도록……"

"…… 대한 사람 대한으로 길이 보전하세."

비행기 안은 삽시간에 애국가 소리로 가득 찼다. 사람들은 애국가를 부르면서 눈물을 흘렸다. 김구도 흘러내리는 눈물을 참을 수가 없었다.

미군 수송기는 벌판 한가운데 있는 김포 비행장에 착륙했다. 김구는 트랩을 내려서자마자 무릎을 꿇고 땅에 얼굴을 비볐다. 꿈에도 잊지 못하던 조국 땅의 냄새가 그의 코끝을 스쳤다. 그는 얼굴을 들고 조국의 산천을 둘러보았다. 비행장에는 그의 일행을 태우고 갈 미군 장갑차들만 있었다. 조국의 동포들은 그의 귀국을 모르고 있었던 것이다. 누군가의 환영을 바란 건 아니었지만 그의 마음은 왠지 허전했다.

"자, 우리 모두 독립을 위해 싸우다 먼저 세상을 떠난 선열들께 묵념을 올립시다."

김구는 일행과 함께 오래도록 묵념을 올렸다. 그와 동지들은 미군 장갑차를 타고 서울의 서대문 근처에 있는 경교장으로 갔다. 그곳은 최창학이라는 사람이 김구를 위해 제공한 집이었다. 그날 신문과 방송은 김구와 임시정부 요인이 귀국했다는 소식을 긴급 뉴스로 전했다. 그리고 다음 날 김구는 라디오 방송에 출연하여 동포들에게 보내는 첫 연설을 했다.

"친애하는 동포 여러분! 이십칠 년 동안 꿈에도 잊지 못한 조국 강산에 발을 들여놓게 되니 무어라고 말할 수 없이 기쁩니다. 나와 동지 일동은 부끄럽게도 대한민국 임시정부의 사람으로 돌아오지 못했습니다. 앞으로는 동포 여러분과 함께 나라의 독립을 완성하기 위해 모든 힘을 바치겠습니다. 우리 동포가 하나가 되어 통일된 새 나라를 이루는 날을 더욱 앞당깁시다. 앞으로는 여러분과 만날 기회도 많고 말할 기회도 많으니 오늘은 다만 나와 동지들이 무사히 조국에 도착했다는 소식만을 전합니다."

연설 시간은 딱 2분이었다. 그것은 미군 군정청의 명령이었다. 군정청은 임시정부를 인정하지 않았기에 김구도 주석으로 대우하

지 않았다. 임시정부를 인정하지 않기로는 북쪽의 소련군도 마찬가지였다. 김구는 방송을 마치고 돌아가며 임시정부와 나라의 앞날에 대한 걱정에 시달렸다.

'조국의 운명을 우리 손으로 결정하지 못하고 강대국의 손에 내맡기게 되다니…….'

군정청은 임시정부뿐 아니라 한국인 스스로 독립 국가를 세우려는 운동을 모두 인정하지 않았다. 해방되기 직전 서울에서는 여운형과 안재홍 같은 지도자들이 건국준비위원회를 만들었다. 건국준비위원회는 일본이 항복하면 독립 국가를 세우려고 준비하고 있었다. 미국은 이 또한 인정하지 않았다.

군정청은 한반도에 미국의 방식대로 정부를 세울 계획이었다. 미국은 그들의 정책에 고분고분한 이승만 세력이 가장 마음에 들었다. 북한을 점령한 소련도 독립 국가 수립 운동을 막고 민족주의 인사들의 활동을 금지했다. 소련은 자기 군대와 함께 북한으로 들어온 김일성과 공산주의자들만 감쌌다. 소련은 한반도에 공산주의 정부를 세우려고 준비하고 있었다.

김구는 자신이 여전히 어둠 속에서 길을 찾는 사람처럼 여겨졌다. 그리운 고향은 38선 이북에 있어서 가 볼 수도 없고, 지금 자기가 있는 곳인 서울은 한없이 낯설게 느껴졌다. 한반도의 앞날이 어떻게 될지 도무지 알 수가 없었다.

'우리 힘으로 해방을 이루지 못한 설움이 참으로 크구나. 우리는 독립 국가를 이루어야 하는 짐에다 통일을 이루어야 하는 짐을 하나 더 짊어졌어. 어떻게 해야 할까. 나이 칠십이 되어 다시 인생의 길을 잃어버린 기분이로구나.'

김구는 인생의 길을 찾아 방랑하던 젊은 시절이 새삼스레 떠올랐다. 문득 그의 눈앞으로 경교장의 창문에서 새어 나오는 불빛이 보였다. 그는 약한 생각을 떨쳐 버리려는 듯이 가볍게 머리를 흔들었다. 그는 경교장 안에서 그를 기다리고 있을 동지들을 떠올리며 마음을 다잡았다.

귀국한 뒤, 김구는 가장 먼저 나라를 위해 목숨을 바친 동지들의 가족부터 찾았다. 그는 이봉창 의사와 윤봉길 의사의 가족을 만나 위로했다.

"그분들의 뜻을 받들어 우리 모두 열심히 살아갑시다. 머지않아 반드시 그분들을 조국의 땅으로 모셔 오겠소."

김구는 이듬해 이 약속을 지켰다. 그는 동지들과 함께 두 의사의 유해를 일본에서 옮겨와 성대한 장례식을 치르고 서울 용산의 효창원에 묻었다.

민족의 별이 지다

미군 군정청은 임시정부를 인정하지 않았지만 동포들의 마음은 달랐다. 임시정부와 김구 주석은 동포들의 마음속에 굳게 뿌리를 내리고 있었다. 동포들은 수십 년 동안 중국 대륙을 떠돌며 이어 온 임시정부에 큰 희망을 걸고 있었다.

1945년 12월 19일, 서울 동대문운동장에서는 임시정부 환영 대회가 열렸다. 김구가 나타나자 수많은 시민들과 학생들이 태극기와 현수막을 흔들며 함성을 질렀다.

"대한 독립 만세!"

"대한민국 임시정부 만세!"

만세 소리와 함성 소리가 끝없이 이어졌다. 대회가 끝난 뒤, 시민들은 줄을 맞춰 서울 거리를 행진했다. 행진의 대열이 온 시내를 뒤덮었다. 그것은 거대한 물결이었다. 김구는 그 모습을 보고 깊은 감격에 사로잡혔다.

'저 동포들을 믿고 독립과 통일을 위해 남은 인생을 바치자.'

김구는 귀국한 뒤로 잠시나마 느꼈던 설움과 근심을 훌훌 떨쳐버렸다. 지방에서도 그에게 방문해 달라는 요청이 몰려들었다. 그는 1946년 새해에 지방을 돌아보기로 했다.

김구는 먼저 인천으로 가서 젊은 시절 갇혀 지냈던 감옥과 항구를 둘러보았다. 그는 그곳에서 아버지와 어머니를 떠올리며 오래도록 감회에 젖었다. 그가 중으로 있었던 공주 마곡사를 방문했을 때는 10만 명의 동포들이 나와 환영해 주었다. 그는 대웅전 앞에서 기념으로 무궁화와 향나무를 심었다. 그는 예산의 윤봉길 의사 고향집에도 들러 기념제를 지냈다.

그 후 김구는 경상도, 전라도, 경기도, 강원도를 순방했다. 가는 곳마다 동포들이 몰려나와 열렬하게 환영했다. 동포들은 김구를 대한민국 정부의 주석으로 여기고 그의 말 한마디 한마디에 귀를 기울였다.

"우리 손으로 자주적인 국가를 세울 때에야 진짜 독립이 이루어집니다. 그리고 남북이 하나가 되어야 진정한 나라가 됩니다. 여러분들을 보니 저의 마음은 한없이 뿌듯하고 자랑스럽습니다. 우리 모두가 이렇듯 한마음으로 나라를 걱정하니 독립도 통일도 멀지 않았습니다."

김구는 사람들에게 '만중일심(萬衆一心)'이라는 말을 강조했다. '모든 사람이 한 마음이 되자'는 뜻이었다. 그는 그 말을 붓글씨로 써서 남기기도 했다. 그는 동포들을 만나며 큰 힘을 얻었다.

하지만 세상은 김구의 바람과 다르게 돌아가고 있었다. 1945년 12월, 모스크바에서는 미국, 영국, 소련의 외무장관 회담이 열렸다. 이 회담에서 미국, 영국, 중국, 소련 네 나라가 한국을 5년 동안 신탁 통치하기로 결정했다. '신탁 통치'란 독립할 능력이 없는 나라를 강대국이 맡아서 통치하는 것이었다. 이 소식을 들은 김구는 자기 귀를 의심했다.

'35년 동안 왜놈 지배를 받고 겨우 해방되었는데 또다시 강대국의 지배를 받으라고? 독립을 위해 피를 흘리며 싸워 온 우리 민족이 독립할 능력이 없단 말인가?'

김구는 동지들과 신탁 통치 반대 운동에 나서기로 했다.

"이것은 제2의 독립운동이오. 모든 동포가 들고일어나 싸워야 합니다."

전국적으로 신탁 통치 반대 운동이 거세게 일어났다. 시민들은 시위와 집회를 통해 신탁 통치 반대를 외쳤다. 그러나 처음에는 신탁 통치를 반대하던 공산주의자들이 소련의 지시를 받고 찬성으로 돌아섰다.

미국과 소련은 신탁 통치를 준비하기 위해 미소공동위원회를 만들어 회담을 열었다. 미소공동위원회는 신탁 통치를 위한 한반도 임시정부를 구성하기로 했다. 하지만 두 나라의 의견 차이가 너무 컸다. 소련은 신탁 통치를 찬성하는 공산당 중심으로 임시정부를 만들자고 했다. 미국은 임시정부에 모든 정치 단체가 참여해야 한다고 주장했다.

1946년 3월부터 5월까지 이어진 미소공동위원회는 아무런 성과 없이 끝났다. 한반도의 공산화를 두려워한 미국은 남한만이라도 정부를 수립하겠다는 쪽으로 기울었다. 그러자 이승만은 당장 남한 정부를 수립하자고 주장했다. 이 소식에 김구는 크게 놀랐다.

'임시정부 대통령을 지냈던 이승만 박사가 그럴 수가……. 어떻게 되찾은 나라인데 두 쪽으로 나눌 수 있단 말인가.'

이대로 가다가는 남과 북에서 두 개의 정부가 생길 참이었다. 북한에서는 공산주의자들이 북조선 임시 인민 위원회를 만들어 이미 정부처럼 행세하고 있었다. 만약 남쪽에 정부가 생긴다면 한반도는 두 국가로 분단될 수밖에 없었다.

'분단만은 기필코 막아야 해.'

김구는 남한만의 정부 수립을 반대하며 모든 정치 단체가 모여 통일 정부 수립을 논의하자고 요구했다. 마침 미국은 미소공동위원회가 실패한 뒤 한반도 문제를 국제연합(UN)으로 넘겼다. UN은 한반도에서 민주 선거로 정부를 세우기로 결정했다. UN은 선거를 감시하기 위해 한국임시위원단을 만들었다. 그대로만 된다면 한국은 통일된 국가로 태어날 수 있었다. 김구는 여기에 큰 희망을 걸었다.

그러나 소련은 UN의 한국 임시 위원단이 북한으로 들어가는 것을 거부했다. 소련의 속셈은 북한만이라도 공산주의 국가를 만들려는 것이었다. 그러자 UN은 남한에서만이라도 우선 선거를 실시하기로 결정했다.

이제 남한에서는 미군 군정청의 주도로 단독 정부를 수립하려는 준비가 시작되었다. 북한에서도 이에 맞서 인민 공화국 정부를 수립하려고 하였다. 통일된 국가를 만들자는 김구의 외침이 공허한 메아리가 되는 순간이었다. 그는 민족의 운명을 더 이상 강대국의 손아귀에 맡겨둘 수 없다고 판단했다.

"이제 우리의 운명은 우리 손으로 결정해야겠소."

"선생님, 이런 상황에서 무슨 방도가 있겠습니까?"

동지들은 어찌할 바를 모르고 안타까워하고만 있었다.

"내게 생각이 있으니 조금만 기다려 주시오."

김구는 밤마다 잠을 이루지 못했다. 깊은 밤에 홀로 앉아 있으면 그의 귓가로 수많은 목소리가 들려왔다. 그것은 독립을 위해 싸우다 먼저 세상을 떠난 동지들의 목소리였다.

"아직도 독립 국가를 이루지 못하고 있으니 우리는 편히 눈을 감을 수가 없소."

동지들의 목소리와 함께 헐벗고 굶주리는 동포들의 한숨과 탄식도 들려왔다. 그는 그 목소리들을 들으며 그동안 민족의 운명을 강대국의 손에 맡겨 놓았던 것을 반성하였다. 그는 친일파와 손을 잡은 이승만과 한국민주당 같은 세력을 한때나마 인정했던 것도 뉘우쳤다.

'아아, 늙은 이 목숨을 희생해서 통일된 독립 국가를 세울 수 있다면 무엇을 아끼랴.'

김구는 어느 깊은 밤에 평소 좋아하던 사명대사의 글을 붓으로 써 내려갔다.

踏雪野中去 不須胡亂行

今日我行蹟 遂作後人程

눈 덮인 들판을 걸어갈 때 함부로 어지러이 걷지 말라.

오늘 내가 남긴 발자국은 뒷사람의 길잡이가 될 것이니.

김구는 목숨을 걸고 통일 운동에 나서기로 마음을 굳혔다. 그는 동지들에게 자신의 계획을 털어놓았다.

"남한과 북한의 모든 정치 단체와 만나 통일 정부를 수립하기 위한 회담을 열어야겠소. 내가 남한의 대표들과 함께 평양으로 가겠소."

"선생님께서 북한으로 들어가는 건 매우 위험합니다."

"나는 통일된 조국을 건설하려다가 삼팔선을 베고 쓰러질지언정 남한만의 정부를 세우는 데는 협력하지 않겠소."

김구의 결심은 확고했다. 그의 굳은 결심을 보고 동지들도 마음을 하나로 모았다. 그날부터 김구는 남북 지도자 회의를 열자고 호소했다. 그는 임시정부 부주석이었던 김규식과 함께 북한의 지도자 김일성, 김두봉에게 편지를 보냈다.

"나라가 없으면 당이니 주의니 단체가 무슨 소용이 있겠습니까. 우리 민족이 살길은 오직 우리의 힘으로 통일된 독립 국가를 수립하는 데 있습니다."

북의 지도자들은 김구의 간절한 호소를 외면하지 못했다. 그들은 지도자 회담 대신 남북의 정당과 사회단체 대표자들의 연석회의를 하자고 나왔다.

남북 사이에 통일 운동의 기운이 일어나자 단독 정부를 세우려는 세력들이 반대하고 나섰다. 군정청과 이승만, 그리고 한국민주당은 김구가 공산주의자들에게 이용만 당할 것이라고 비난했다. 심지어는 김구와 가까운 사람들 사이에서도 걱정하는 소리가 적지 않았다. 그러나 김구는 단호했다.

"나는 어떠한 모욕과 모략이 있더라도 독립과 통일의 길을 찾기 위해 북에 가겠소. 피를 나눈 형제끼리 마주 앉아 최후의 결정을 보고 말겠소."

1948년 4월 19일, 김구는 서울을 떠나 다음 날 평양에 도착했다. 평양에 도착한 그는 남북 지도자와 삼천만 동포에게 마음에서 우러나오는 성명을 발표했다.

"38선 때문에 우리에게는 통일과 독립이 없고 자주와 민주도 없습니다. 어찌 그뿐입니까. 동포들은 굶주리고, 가족은 헤어지고, 동족끼리 서로 해치고 있습니다. 우리의 마음속에서 38선이 무너져야 땅 위의 38선도 없어질 수 있습니다."

김구는 이런 마음으로 연석회의에 참석하고, 김규식과 함께 김일성, 김두봉과 지도자 회담을 열었다. 연석회의와 지도자 회담은 열흘이 넘게 이어졌다. 4월 30일, 마침내 공동 성명서가 발표되었다. 공동 성명서는 한반도에서 외국 군대가 즉시 철수하고 남북의 총선거로 통일 정부를 수립하자는 내용이었다.

"이대로 된다면 우리 민족의 꿈이 이루어지는 것이오."

김구는 크게 만족하며 서울로 돌아왔다. 그러나 남한에서는 군정청이 이미 남쪽만의 단독 선거를 진행하고 있었다. 5월 10일에 실시된 투표로 남한에서는 국회가 만들어지고 정부를 구성하게 되었다. 북한에서는 그 보복으로 남한으로 보내는 전기를 끊어버리고 김구와 김규식에게 편지를 보냈다.

"우리도 새로운 정부를 세우겠으니 두 분이 도와주십시오."

"이럴 수는 없소. 통일 운동을 하자고 약속해 놓고 북에도 정부를 세운다면 그것은 민족을 분열시키는 행위요."

김구는 북한의 제의를 거절했다. 그는 하늘이 무너지는 기분이었다.

1948년 8월 15일, 남한에서는 이승만을 대통령으로 대한민국 정부가 수립되었다. 이에 맞서 북한에서는 9월 9일에 김일성을 주석으로 내세워 조선 민주주의 인민 공화국이 수립되었다. 한반도는 결국 두 개의 정부, 두 개의 국가로 분열되고 말았다.

그래도 김구는 통일 독립의 꿈을 잃지 않고 외국군의 철수와 남북의 통일 회담을 주장했다. 하지만 남과 북에서 권력을 쥔 자들에게 김구의 외침은 아무 소용이 없었다.

'이러다 언젠가는 남과 북이 피를 흘리며 싸우게 될지도 모른다. 한 민족 한 형제끼리 서로 원수가 되다니……'

김구는 쓰라린 마음을 달래며 한동안 인재를 기르는 일에 관심을 가졌다. 그는 통일의 희망을 학생들의 맑은 눈빛에서 찾고 싶었다. 그는 서울 금호동에 백범학원을, 염리동 천막촌에 창암학원을 세웠다. 두 곳 모두 교육의 혜택을 받지 못하는 가난한 동네였다.

그는 지팡이를 짚고 두루마기 자락을 휘날리며 학교에 들르곤 했다. 그는 밝게 뛰노는 아이들을 보며 흐뭇한 미소를 지었다.

'이 아이들이 우리 조국의 미래야.'

김구가 지치지 않고 통일을 외치자 이승만 정권과 그 추종자들은 그를 눈엣가시처럼 여겼다. 그들은 김구가 공산당과 다름없다며 모략하고 욕설을 퍼부었다. 그들은 김구의 당당하고 용기 있는 태도가 두려웠던 것이다.

1949년 6월 26일이었다. 그 날 김구는 경교장 2층 거실에서 붓글씨를 쓰며 오전 시간을 보내고 있었다. 그때 1층에 있던 비서가 올라왔다.

"선생님, 안두희 소위가 뵈러 왔습니다."

"그 사람이 무슨 일로……. 아무튼 올라오라고 하시오."

안두희는 전에도 몇 번 김구를 찾아온 적이 있는 육군 포병 소위였다. 비서가 아래층으로 내려가고 이내 안두희가 2층 거실로 들어섰다. 그런데 얼마 지나지 않아 2층에서 난데없는 총성이 울렸다.

탕, 탕, 탕, 탕!

"이게 무슨 소립니까?"

아래층에 있던 사람들이 놀라서 벌떡 일어났다. 그 순간 2층에서 안두희가 한 손에 권총을 든 채 소리를 지르며 뛰어 내려왔다.

"제가 주석 선생님을 쏘았습니다!"

몇 사람이 안두희에게 달려들었고, 나머지 사람들은 2층으로 뛰어 올라갔다. 김구가 의자에 비스듬히 쓰러져 있었다. 그의 흰 한복은 붉은 피가 낭자했다. 가슴에 총탄을 맞은 김구는 더 이상 숨을 쉬지 않았다. 유리창에도 총탄 자국이 뻥 뚫려 있었다.

"어, 어떻게 이럴 수가!"

"선생님! 흐흑!"

사람들은 김구 앞에 엎드려 통곡했다. 민족의 위대한 지도자 김구는 일흔네 살의 나이로 세상을 떠났다.

김구가 암살자에게 죽었다는 소식이 알려지자 사람들이 경교장으로 몰려들었다. 경교장 뜰은 삽시간에 눈물바다가 되었다. 경교장을 찾아오는 문상객들은 거지와 시장 아줌마에서 장관에 이르기까지 가지각색이었다. 온 국민이 깊은 슬픔에 사로잡혔다. '남북통일'이라고 쓴 혈서들이 경교장으로 수없이 배달되었다.

1948년 7월 5일, 김구의 국민장이 열렸다. 서울의 도로는 흰 상복 차림으로 김구의 유해를 뒤따르는 사람들로 하얗게 뒤덮였다. 인도에 있던 사람들은 맨땅에 무릎을 꿇고 울었다. 김구의 주검은 이봉창과 윤봉길이 묻혀 있는 효창원에 묻혔다.

김구의 암살은 이승만 정권과 그 추종자들이 꾸민 일이었다. 안두희는 이승만 부하들의 명령과 지원을 받으며 암살을 준비했다. 안두희는 자기 마음을 숨기고 김구가 지도하는 한국독립당에 들어

갔고 김구와도 얼굴을 익혀 두었던 것이다.

안두희는 헌병사령부로 끌려갔다. 안두희는 암살을 자기 혼자 한 일이라고 주장했다. 안두희를 조사한 군 당국에서도 그가 혼자 저지른 범행이라고 발표했다. 그해 8월, 안두희는 군사 재판에서 종신형을 선고받았다. 그러나 안두희는 1년도 채 안 되어 이승만 정부의 지시로 풀려나 다시 육군으로 돌아갔다. 조사부터 석방까지 모두 미리 쓰여진 각본처럼 진행되었다.

이승만 독재 정권은 1960년에 민주주의를 외치는 시민들의 4·19 혁명으로 무너졌다. 1962년 대한민국 정부는 김구에게 건국 공로 훈장을 수여했다. 1969년에는 서울 남산에 김구의 동상이 세워졌다. 1995년 대한민국 국회는 김구의 암살이 이승만 정권이 저지른 범죄라는 조사 보고서를 발표했다.

그리고 1996년 10월, 평생을 숨어 살던 안두희는 김구를 존경하던 평범한 한 시민의 몽둥이에 맞아 죽었다. 버스 운전수이던 박기서는 "역사를 바로잡기 위해 안두희를 죽였다."고 당당하게 밝혔다. 2002년 10월에는 김구가 묻혀 있는 효창원 옆에 백범 김구 기념관이 개관됐다.

김구가 세상을 떠난 지 1년 뒤에 남과 북 사이에는 전쟁이 벌어졌다. 그가 생전에 그토록 염려하던 일이 현실로 나타난 것이다. 한 민족끼리 수많은 피를 흘리고도 김구가 그토록 소원했던 통일 국가는 아직까지도 이루어지지 못하고 있다. 김구의 피맺힌 목소리는 여전히 한반도의 산천에서 메아리치고 있다.

"나는 우리나라가 세계에서 가장 아름다운 나라가 되기를 원한다. 가장 부강한 나라가 되기를 원하는 것은 아니다. 내가 남의 침략에 가슴이 아팠으니, 내 나라가 남을 침략하는 것을 원치 아니한다. 우리의 부력은 우리의 생활을 풍족히 할 만하고, 우리의 강력은 남의 침략을 막을 만하면 족하다. 오직 한없이 가지고 싶은 것은 높은 문화의 힘이다. 문화의 힘은 우리 자신을 행복하게 하고, 나아가서 남에게 행복을 주기 때문이다. 지금 인류에게 부족한 것은 무력도 아니오, 경제력도 아니다. 인류가 현재에 불행한 근본 원인은 인의가 부족하고, 자비가 부족하고, 사랑이 부족한 때문이다. 인류의 이 정신을 배양하는 것은 오직 문화이다. 나는 우리나라가 남의 것을 모방하는 나라가 되지 말고, 이러한 높고 새로운 문화의 근원이 되고, 목표가 되고, 모범이 되기를 원한다. 그래서 진정한 세계의 평화가 우리나라에서, 우리나라로 말미암아서 세계에 실현되기를 원한다. 동포 여러분! 이러한 나라가 될진대 얼마나 좋겠는가. 우리네 자손을 이러한 나리에 남기고 가면 얼마나 만족하겠는가."

(〈나의 소원〉 중에서)

백범 김구 연보

1876년 8월 29일 김구는 황해도 해주 백운방 텃골에서 아버지 김순영과 어머니 곽낙원의 외아들로 태어난다. 아명은 창암(昌巖)이다.

1887년 서당 공부를 시작한다.

1892년 황해도 향시(鄕試)에 응시하지만 낙방한다. 시험장에서 매관매직의 타락상을 보고 서당 공부를 중단한다.

1893년 모든 인간은 평등하다는 사상을 기초로 한 동학에 입도하며 창수(昌洙)라는 이름으로 개명한다.

1894년 황해도 동학 농민군 선봉장으로 해주성 공격을 시도한다.

1895년 신천군 청계동 안태훈에게 몸을 의탁한다. 그때 유학자 고능선(高能善)을 만나 가르침을 받는다. 그리고 김이언 의병의 고산리 전투에 참가한다. 이 해에 명성황후 시해 사건이 발생한다.

1896년 안악 치하포에서 일본인 쓰치다(土田讓亮)를 명성황후 시해에 대한 복수로 처단한다.

1897년 감옥에서 서양 학문을 접하며 서양의 발전된 문물을 받아들여 우리의 것으로 발전시켜야겠다는 생각을 한다. 이 해에 대한제국이 선포된다.

1898년 탈옥하여 삼남지방으로 도피한다. 그해 가을 공주 마곡사에서 원종(圓宗)이라는 법명을 받고 승려가 된다.

1899년 해주로 귀향을 한다.

1903년 국민들에게 새로운 교육을 시도하는 기독교의 모습을 보고 입문하게 된다. 그 영향을 받아 장련읍 사직동에 장련학교를 세운다.

1904년 최준례(崔遵禮)와 결혼을 한다. 같은 해 2월 러일전쟁이 발발한다.

1905년 일제의 강요로 을사늑약이 체결된다. 이에 반대한 민영환은 자결을 한다.

1907년 신민회에 가입하게 된다. 안악면학회와 양산학교에서 사범 강습회를 열고 해서교육총회를 조직한다.

1909년 안중근이 이토 히로부미를 처단하자 연루되어 체포된다.

1910년 안악사건(안명근 사건)이 발생한다.

1911년 안악사건(안명근 사건)으로 체포되어 서울로 압송된다. 혹독한 고문을 당한 후 징역 15년을 선고받고 서대문감옥에 수감된다.

1912년 이름을 구(九)로, 호를 백범(白凡)으로 고친다.

1915년	가출옥하게 된다.
1919년	중국 상하이로 망명하여 대한민국임시정부 경무국장의 직책을 맞는다. 이 해에 3·1운동이 일어난다.
1923년	임시정부 내무국장으로 임명이 된다. 그 명의로 국민 대표회의 해산령을 내린다.
1924년	부인 최준례가 상하이에서 별세한다.
1926년	임시정부 국무령에 취임한다.
1928년	《백범일지》 상권을 집필하기 시작한다.
1930년	이동녕, 안창호, 조완구, 이시영 등과 한국독립당을 창당한다.
1931년	한인애국단을 창단한다.
1932년	이봉창이 일왕 히로히토(裕仁)에게 저격을 시도한다. 윤봉길은 상하이 홍커우 공원에서 일왕 생일 경축식장에 폭탄을 던져 시라카와(白川) 등을 처단한다. 이에 김구는 상하이를 탈출하여 자싱, 하이옌으로 피신생활을 시작한다.
1933년	난징에서 장제스와 회담하여 중국 군관학교에 한국 독립군 훈련반 설치를 합의한다.
1935년	이동녕, 조완구, 차리석 등과 한국국민당을 조직한다.
1937년	한국광복운동단체연합회를 결성한다.
1938년	창사에서 한국국민당, 한국독립당, 조선혁명당 합당 논의

중 이운환의 저격으로 중상을 입는다.

| 1939년 | 어머니 곽낙원이 충칭에서 작고한다. |

1940년   한국국민당, 한국독립당, 조선혁명당이 통합하며 새로운
          한국독립당을 결성한다. 대한민국 임시정부의 주석으로
          선출된다.

1941년   《백범일지》하권을 집필한다. 임시정부는 〈대한민국 건국
          강령〉을 발표하고 일본에 선전포고를 한다.

1945년   광복군 OSS 훈련 승인을 받는다. 일본의 항복 소식 듣고
          임시정부 환국 환영 대회에서 귀국 연설을 한다.

1947년   《백범일지》를 간행한다.

1948년   대한민국 정부가 수립된다.

1949년   백범학원과 창암학원을 세운다. 6월 26일 경교장에서 안
          두희의 흉탄에 의해서 별세한다. 국민장으로 효창원에 안
          장된다.

1962년   대한민국은 김구에게 건국공로훈장을 수여한다.

2002년   서울 용산에 백범 김구 기념관이 개관한다.

백범김구

ⓒ 김민수, 2005

초   판 1쇄 발행일 2005년 11월 25일
개정판 1쇄 발행일 2017년 10월 31일
개정판 3쇄 발행일 2025년 1월 1일

지은이   김민수
펴낸이   강병철

펴낸곳   더이룸출판사
출판등록   1997년 10월 30일 제1997-000129호
주소   04047 서울 마포구 양화로6길 49
전화   편집부 02)324-2347 경영지원부 02)325-6047
팩스   편집부 02)324-2348 경영지원부 02)2648-1311
이메일   jamoteen@jamobook.com

ISBN 978-89-5707-874-7 (44990)